50 JAHRE EULENSPIEGEL VERLAG

Gute Erholung bei Sonne und Schnee
.. und den
Reisebedarf aus dem
KONSUM

KONSUM
Zufriedene Käufer
DURCH GUTE BEDIENUNG ·
REICHE AUSWAHL · BESTE QUALITÄT ·

Weihnachten
1951
5
Reichhaltiges Angebot
im KONSUM
Das Ergebnis der Arbeit unserer Aktivisten und Werktätigen in Stadt und Land

Unser
Kurs
ist unbeirrt:
Gleichmässige Verteilung
Volles Mass u. Gewicht
KONSUM
Anklam

Aufwärts
durch den weltweiten
Genossenschaftsgedanken!
GEG-ERZEUGNISS
AUS EUERN
EIGENEN BETRIEBEN
Hinein in den
KONSUMVEREIN!
GROSSEINKAUFS-GESELLSCHAFT DEUTSCHER CONSUMVEREINE M.B.H. HAMBUR

Vorab ein Wort zum Buch

Zum Ruheständler befördert, bekam ich einen »KONSUM-Rausch«. Der Gedanke, die vielen Begebenheiten aufzuschreiben, die mich mit dem KONSUM verbanden und verbinden, ließ mich nicht mehr los. Ich dachte darüber nach, wie das früher war und wie es heute ist. Was sich hinter der über 150 Jahre alten Idee der Selbsthilfe und Selbstverwaltung verbirgt. Was davon noch übrig ist, wo es doch die sozialen Nöte, die zur Gründung von Genossenschaften führten, so nicht mehr gibt. Warum die KONSUM-Bewegung in beiden Teilen Deutschlands nach dem 2. Weltkrieg unterschiedlich verlief. Im Westen der vierzig Jahre lange schleichende Niedergang. Im Osten die sozialistisch gehemmte Entfaltung, die nach 1990 den ungebremsten Fall nach sich zog.

Ich stöberte in Archiven, las Bücher und Dokumente – und machte mich auf eine Reise quer durch die neuen Bundesländer, um Leute aufzusuchen, die mit dem KONSUM verbunden waren und sind. Ich traf in den Genossenschaften Vorstände, Marketing- und Finanzmanager, Verkäuferinnen, Marktleiter, Mitarbeiter aus Werbung, Vertrieb und Lagerwirtschaft, Juristen und Techniker. Ich sah mir Kaufhäuser, Märkte, Hotels und Industriebetriebe an, besuchte geschichtsträchtige KONSUM-Bauten wie die Blechbüchse in Leipzig und den Teepott in Warnemünde, das neue Handelshaus in Weimar, die Büro- und Lagerkomplexe in Leipzig-Plagwitz oder die Chemnitzer Kauffahrtei. Ich erlebte eine moderne KONSUM-Industrie und stilvolle Hotels, schaute in KONSUM-Großmärkte wie den Moritzhof in Leipzig und die Neustädter Markthalle in Dresden.

Mit den Kunden plauderte ich über einstige Mangelartikel wie Fliegenfänger, Bananen, Grabower Mohrenküsse, Orangen, Klopapier oder Bohrmaschinen; über engagierte KONSUM-Mitarbeiter und -Mitglieder; auch über den Unterschied zur staatlichen Handelsorganisation, der HO, und wofür der KONSUM zuständig war. Wie die Waren und die Rabattmarken verteilt wurden. Wie das mit dem KONSUM-Brot war, das angeblich die Wangen rot macht. Wir redeten über die schweren Anfänge in den Jahren nach 1945, die Entwicklung des KONSUMs zum flächendeckenden Versorgungsunternehmen, die Auseinandersetzungen zwischen Ost und West in der jüngsten Zeit. Über die »Entflechtung« des DDR-Handels und darüber, warum nur so wenige Genossenschaften überlebt haben.

Ich fand den Stoff für KONSUM-Geschichten, fand bewahrenswerte Erinnerungen, gestützt auf Fakten und Originaldokumente aus Archiven. Daß ich oft auf Erlebnisse in der Konsumgenossenschaft Güstrow zurückgreife, erklärt sich aus meiner langjährigen Tätigkeit dort, steht aber zugleich für vergleichbare Vorgänge anderswo.

Es ist ein Buch geworden, das über Arbeits- und Lebensalltag berichtet, über den Handel und seinen Wandel und über eine Idee, deren wechselvolle Geschichte den Gedanken der solidarischen Selbsthilfe, der Selbstverwaltung und Selbstverantwortung bis in die Gegenwart trägt.

Manfred Kirsch

Oh, das ist ja fein...
BUTTER
KONSUM
Unser Speisezettel wird ständig umfangreicher durch die Importe aus der Sowjetunion und den Volksrepubliken und durch mehr und hochwertigere Erzeugnisse eigener Produktion
KONSUM·GENOSSENSCHAFT

Ankunft in der Marktwirtschaft

Im Einigungsvertrag wurden sie ganz einfach vergessen, die Konsumgenossenschaften. Als hätte es sie gar nicht gegeben. Nichts hatten die Einigungsverhändler für sie geregelt.

Ein Imperium von 198 Konsumgenossenschaften, dazu ihre 14 Bezirksverbände und der Verband der Konsumgenossenschaften in Berlin, ein dichtes Netz von Produktionsbetrieben, in jedem Kreis mit Brot- und Fleischproduktion präsent – zusammen ergab das etwa 4,5 Millionen Mitglieder als Eigentümer des KONSUMs. In der DDR wurde der KONSUM nicht von ungefähr als »drittgrößte Massenorganisation« bezeichnet. Immerhin brachte dieses Gebilde mit 40 Milliarden Mark fast 40 % des gesamten Einzelhandelsumsatzes des Landes jährlich in die Kassen. Und das in insgesamt rund 30 000 Läden, Kaufhallen und Kaufhäusern, 6 000 Gaststätten, Hotels und der sogenannten Arbeiterversorgung. Konnte man dieses Potential einfach übersehen?

War es Fahrlässigkeit oder Vorsatz, geschah es bewußt oder unbewußt? Darüber gibt es heute verschiedene Theorien. Eine davon stützt sich darauf, daß die Konsumgenossenschaften eben auch in der DDR private Unternehmen in der Rechtsform der Genossenschaft waren. Also fühlten sich weder die Übergangsregierung Modrow noch die Kohl-Regierung bemüßigt einzugreifen. Und die Treuhand schon gar nicht, der KONSUM war kein Volkseigener Betrieb. Schließlich gehörten die Konsumgenossenschaften nicht dem ganzen Volke, sondern ihren Mitgliedern – auch wenn der Einzelanteil des Mitgliedes im Regelfall nur etwa 50 Mark betrug –, und so war eben eine treuhandschnelle Zerschlagung nicht möglich.

Aber der KONSUM war Nutzer des volkseigenen Grund und Bodens, hatte eine eigentümerähnliche Stellung; er pflegte, veredelte, baute und nutzte das jeweilige Grundstück. Während laut Einigungsvertrag die ehemaligen VEB den Grund und Boden, auf denen ihre Werke standen, zugeschrieben bekamen – auch für die Wohnungs-, Raiffeisen- und Produktionsgenossenschaften gab es spezielle Regelungen –, ging der KONSUM leer aus. Die Folge: Wer kein Eigentum hat, kann nichts beleihen. Wer nichts beleihen kann, bekommt von keiner Bank einen Kredit, um sich zu modernisieren und am marktwirtschaftlichen Geschehen teilnehmen zu können.

Dennoch: So einfach ausradieren, vernichten, wie man es mit der staatlichen Handelsorganisation machte, ging es nicht. So waren die Konsumgenossenschaften zwar nicht dem Fallbeil der Treuhand ausgesetzt, aber sie wurden zum Spielball der Marktwirtschaft.

Vor allem wurden sie Objekt der Begierde. Ein Tauziehen fand statt. Die großen westlichen Handels-Konzerne, aber auch Immobilienmakler, Abenteurer und Geschäftemacher traten auf den Plan und versuchten, dieses riesige Handels- und Immobilienpotential für ihre Zwecke oder ganz profan für die eigene Bereicherung zu nutzen. Die Ostöffnung bot nicht nur neue Absatzmärkte, sondern manchem westlichen Unternehmen auch Gelegenheit, sich zu sanieren.

Eigentlich wollten sie alle nur das Beste der Konsumgenossenschaften: ihre Standorte, ihre Läden, ihre Verkaufsteams und ihre Kunden!

Ins eisige marktwirtschaftliche Wasser geworfen, kamen auf die Vorstände große Herausforderungen zu. Es sollte weitaus schwieriger werden, mit der Warenfülle umzugehen als mit dem ständigen Mangel an Ware. Die Planwirtschaft basierte nicht nur auf anderen Voraussetzungen, sondern hatte offensichtlich vergessen lassen, mit welchen Methoden die Marktwirtschaft arbeitet.

Es kam hinzu, daß die Marke KONSUM durch den jahrzehntelangen Mangel an bedarfsgerechter Ware oder das Schlangestehen vor den Läden belastet war. Viele Kunden und Mitglieder wollten anfangs gar nicht mehr beim KONSUM kaufen, trauten ihm nicht zu, daß er nun, da »alle Wünsche befriedigt« werden konnten, zurechtkam.

Manche Vorstände verbündeten sich schnell mit zweifelhaften Partnern, erlagen den schillernden Versprechungen oder der glänzenden

Rhetorik der Manager. Das waren dann auch die ersten, die einverleibt wurden.

Andere waren wirtschaftlich schon nicht mehr lebensfähig. Wieder andere liquidierten aus lauter Angst, die künftigen Prozesse nicht beherrschen zu können, oder fusionierten vorschnell, um als größere Einheit besser mithalten zu können. Nicht überall gelang es. Vor allem dort, wo man aus mehreren Kranken einen Gesunden doktorn wollte. Gesellschaften unterschiedlichster Art entstanden unter der KONSUM-Flagge. Eigene oder auch mit fremdem Anteil.

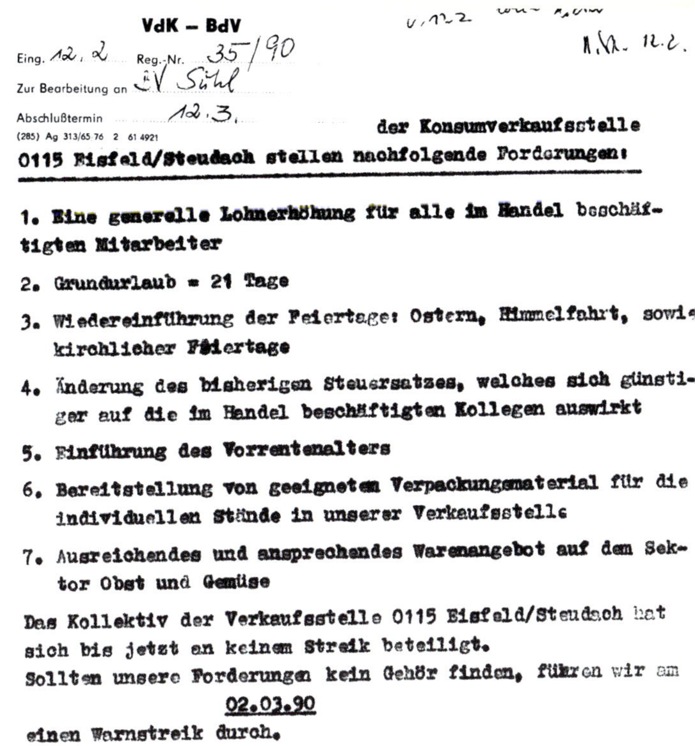

VdK – BdV

Eing. 12.2 Reg.-Nr. 35/90

Zur Bearbeitung an BV Suhl

Abschlußtermin 12.3.

(285) Ag 313/65 76 2 61 4921

der Konsumverkaufsstelle 0115 Eisfeld/Steudach stellen nachfolgende Forderungen:

1. Eine generelle Lohnerhöhung für alle im Handel beschäftigten Mitarbeiter
2. Grundurlaub = 21 Tage
3. Wiedereinführung der Feiertage: Ostern, Himmelfahrt, sowie kirchlicher Feiertage
4. Änderung des bisherigen Steuersatzes, welches sich günstiger auf die im Handel beschäftigten Kollegen auswirkt
5. Einführung des Vorrentenalters
6. Bereitstellung von geeigneten Verpackungsmaterial für die individuellen Stände in unserer Verkaufsstelle
7. Ausreichendes und ansprechendes Warenangebot auf dem Sektor Obst und Gemüse

Das Kollektiv der Verkaufsstelle 0115 Eisfeld/Steudach hat sich bis jetzt an keinem Streik beteiligt.
Sollten unsere Forderungen kein Gehör finden, führen wir am

02.03.90

einen Warnstreik durch.

Plötzlich gab es die Solidarität nicht mehr zwischen den Konsumgenossenschaften; die Abstimmungen untereinander, Warenaustausch, den finanziellen Ausgleich zwischen den kleinen und den großen, den reicheren und den ärmeren Genossenschaften, den Dorf- und Stadt-Genossenschaften.

Auch vom Verband in Berlin kam nicht mehr die gewohnte Anleitung. Das war nicht immer geschätzt worden, doch nun, in der quasi über Nacht eingetretenen neuen Situation, hatte er bei seinem Bemühen, möglichst alle Konsumgenossenschaften zu vereinen und ihnen den verlorenen Großhandel zurückzugeben, durch die nachrückende Marktmacht der Handelsketten aus den alten Bundesländern schlechte Karten und konnte schon wegen der unterschiedlichen Auffassungen in den Genossenschaften über den zukünftigen Weg nicht erfolgreich sein.

Der Verband der Konsumgenossenschaften leitete damals 28 Betriebe mit 6000 Beschäftigten und einer Warenproduktion von 2,1 Milliarden Mark. (Die 16 Fleisch- und 14 Backwarenkombinate mit insgesamt 27000 Beschäftigten und 3,8 Milliarden Mark Warenproduktion waren auf Bezirksebene organisiert.) Die meisten der

VERBAND DER KONSUMGENOSSENSCHAFTEN DER DDR

Der Präsident

Offener Brief

an alle Mitarbeiter der konsumgenossenschaftlichen Organisation

Liebe Kolleginnen und Kollegen!

In einer Zeit grundlegender politischer und wirtschaftlicher Veränderungen zeigen sich die Konsumgenossenschaften und Produktionsbetriebe durch Fleiß, Einsatz und Vertrauen ihrer Mitarbeiter und Mitglieder als stabile Wirtschaftsunternehmen zum Wohle und Nutzen der Verbraucher. Dafür bedanken wir uns bei Ihnen sehr herzlich.

Der Übergang zur sozialen Marktwirtschaft ist für die Gemeinschaft der Konsumgenossenschaften in der DDR eine große Herausforderung. Neue inhaltsreiche, interessante und anspruchsvolle Aufgaben warten auf die mehr als 225 000 Mitarbeiter in der konsumgenossenschaftlichen Organisation. Im Wettbewerb mit anderen Anbietern werden sie sich den neuen Anforderungen stellen. Dazu ist es notwendig, daß

- wir einheitlich und geschlossen für die Interessen unseres gemeinsamen Unternehmens, des KONSUM, eintreten,
- sich jeder Mitarbeiter, ob in der Verkaufsstelle, in der Produktion oder Verwaltung mit seinem KONSUM identifiziert,
- bei allem, was wir tun, immer der Kunde mit seinen Wünschen im Mittelpunkt steht,
- jeder mit dem Blick auf den Kunden so arbeitet und sich so verhält, daß es seinem Unternehmen den höchsten Nutzen bringt.

Das sind Grundvoraussetzungen für eine erfolgreiche Arbeit und die Sicherung der Arbeitsplätze.

Wir rufen Sie heute, wenige Tage vor Inkrafttreten der Wirtschafts- und Währungsunion mit ihren großen Veränderungen und Problemen auf, mit uns gemeinsam die neuen Aufgaben anzupacken, sich rasch das dazu notwendige Wissen und Können anzueignen und sich voll einzusetzen, damit wir die Herausforderungen der Marktwirtschaft bestehen.

Wir bitten Sie, uns auch in Ihrem Interesse dabei tatkräftig und in jeder Weise zu unterstützen. Wir wenden uns gemeinsam gegen alle Versuche, die Konsumgenossenschaften zu diffamieren, das Eigentum ihrer Mitglieder anzugreifen und unsere Möglichkeiten im Wettbewerb auf dem Markt einzuschränken.

Konsumgenossenschaften gibt es seit Mitte des vorigen Jahrhunderts als Selbsthilfeorganisation der Verbraucher. Es hat sie, mit Ausnahme der Zeit des faschistischen Regimes, unter allen wirtschaftlichen und gesellschaftlichen Bedingungen immer gegeben, und es wird sie, davon sind wir überzeugt, mit Ihrer Unterstützung auch in Zukunft geben.

Wir fürchten nicht den ehrlichen und offenen Wettbewerb mit allen anderen Anbietern. Wir wollen mit Ihrer Hilfe und durch Ihre Leistungen die Wirtschaftlichkeit des KONSUM verbessern, die Verkaufsstellen, Gaststätten und Produktionsbetriebe ausbauen und auch neue errichten, um den Kunden ein attraktives Sortiment von Erzeugnissen guter Qualität zu günstigen Preisen in angenehmer Atmosphäre anzubieten.

Liebe Kolleginnen und Kollegen!

Wir wissen, daß engagierte Mitarbeiter über den Erfolg unseres Unternehmens entscheiden. Deshalb wollen wir, daß Sie in Ihrer beruflichen Tätigkeit in unserem Unternehmen Erfolg haben, Ihr Wissen erweitern und sich neue Fähigkeiten aneignen.

Wir bieten Ihnen dazu die Möglichkeiten.

Mit dem konsumgenossenschaftlichen Eigentum als solide ökonomische Basis, mit den reichen Traditionen der Mitgliederbewegung und der Leistungsfähigkeit aller Mitarbeiter haben die Konsumgenossenschaften alle Voraussetzungen, erfolgreich in die Zukunft zu schreiten.

Gestalten Sie diesen Weg durch Ihre Leistungen mit.

Mit genossenschaftlichem Gruß

Im Namen des Vorstandes des Verbandes der Konsumgenossenschaften der DDR

31. Mai 1990

Dr. Heinz Fahrenkrog

KONSUM

zentralen KONSUM-Betriebe, einst mit Produkten wie Süß- und Dauerbackwaren, verschiedensten Nahrungsmitteln, Druck- und Fotoerzeugnissen leistungsstark und unverzichtbar, waren der neuen Konkurrenz nicht gewachsen. Trotz aller Versuche, den Betrieben zu helfen, ihre Nische im veränderten Marktgeschehen zu finden, konnte der Verband allzu oft nur noch »abwickeln«.

Die Genossenschaften kritisierten, daß der Verband kaum Alternativen zeigte, dem KONSUM als Handelskette mit eigener Produktion und Logistik sowie einem Einzelhandelsnetz ein eigenes Gepräge zu geben und gegenüber den westlichen Ketten als einheimischer, starker Konkurrent aufzutreten. Diese Chance hatte er, das wissen wir heute, leider nicht.

Als sich dann der Verband der Konsumgenossenschaften mit der Großhandelskette ASKO verbündete, gingen die meisten Genossenschaften ihre eigenen Wege, die einen mehr, die anderen weniger erfolgreich.

Aber alle mußten sich sofort um Kredite bei den Banken bemühen. Die verhielten sich – um es vorsichtig auszudrücken – zurückhaltend. Das hatte vor allem mit den ungeklärten Eigentumsverhältnissen zu tun. Wer schnell an Kredite kam, hatte häufig die schlechtesten Konditionen. Vergleiche fehlten, Erfahrungen auch. Manche gingen an den Darlehen zugrunde, manche sind bis heute mit Rückzahlungen hoch belastet. Zudem rutschten die Umsätze mit der Neuansiedlung der vielen Ketten in den Keller.

Eine ganze Menge Leute holten sich auch »aus guter Verbundenheit zum KONSUM« ihre Ware aus den Märkten bei Einbrüchen in der Nacht. Ein plötzliches Phänomen. Der Vandalismus kannte, besonders 1990 bis 1992, keine Grenzen. Die Märkte waren nur unzureichend gesichert, Glas ließ sich schnell zerschlagen. Millionen gingen durch Diebstahl verloren. Millionen mußten zur Sicherung und Instandsetzung der Läden aufgebracht werden. Manche Verkaufsstellen sahen durch die Vermauerung und Vergitterung aus wie Festungen, nicht wie Läden.

Es gab eben viele Wege, in der Marktwirtschaft anzukommen.

Den Belastungen, die auf die Konsumgenossenschaften zukamen, waren bei weitem nicht alle gewachsen. Zunächst mußte das ungeeignete Ladennetz so schnell wie möglich auf die neuen Bedürfnisse zugeschnitten werden. Das hieß im wesentlichen die Schließung der meisten Läden, Modernisierung der größeren Märkte, neue Vertriebsschienen und eine neue Standortpolitik zu finden.

Der Dorfkonsum, in jedem kleinen Ort also ein Laden für die Grundversorgung, konnte kaum am Leben erhalten werden, es »rechnete sich nicht«. Das Gaststättennetz erst recht nicht. Und auch die sogenannte Arbeiterversorgung hatte ausgedient, hätte eigentlich in eine Arbeitslosenversorgung umgestaltet werden müssen.

Da kein eigener Großhandel vorhanden war oder auf die Schnelle aufgebaut werden konnte, mußte man sich mit den sich anbietenden Großhändlern verbünden. Das waren REWE, ASKO, Edeka, Frey und Kissel, Markant und andere. Aber kein einziger westdeutscher Partner, selbst wenn die Konsumgenossenschaften damals einen favorisiert hätten, wäre in der Lage gewesen, flächendeckend zu beliefern. Auch der ehemalige staatliche Großhandel, später NOWEKO, konnte die Erwartungen nicht erfüllen.

Hinzu kam ein immenser Personalabbau mit Kosten, die die Genossenschaften stark belasteten. »Abfindung« hätten die Vorstände 1991 sicherlich zum Unwort des Jahres gewählt, brauchten sie doch das Geld für das zu organisierende Warengeschäft dringend. Aber an der Notwendigkeit erträglicher Abfindungsbeträge war nicht zu rütteln. Die Mittel dafür mußten aufgetrieben, ein neues Kostenregime und Abrechnungswesen geschaffen werden. Während bisher alles durch Einheitspreise, zugewiesene Lieferanten, staatlich festgelegte Handelsspannen und Direktiven in geordneten Bahnen verlief, mußten jetzt Hunderte von Lieferanten mit den unterschiedlichsten Konditionen und Rechnungslegungen unter einen Hut gebracht werden, kurz, man konnte nun auch im Osten von »schwunghaftem Handel« sprechen.

Die Finanzierung scheiterte immer wieder an den ungeklärten Eigentumsverhältnissen. Da den Konsumgenossenschaften meist nicht der Grund und Boden gehörte, auf dem die Märkte, Verkaufsstellen und Gaststätten standen, ging das Verhandeln mit Ämtern des Bundes, der Länder und der Gemeinden, aber auch mit privaten Eigentümern und Erbengemeinschaften los. Das war ein jahrelanger, zäher und oftmals erfolgloser Kampf. Dabei machte der Bund mit seinen Forderungen nach Nutzungsentgelt allerorten den Konsumgenossenschaften und seinem Verband das Leben schwer.

Manche Fragen sind heute noch nicht abschließend geklärt. Sie gefährden immer noch die Existenz einiger Konsumgenossenschaften oder stören die Abwicklung in den zur Aufgabe gezwungenen.

Die Advokaten kamen ins Spiel. Sie halfen, aber verdienten auch nicht schlecht.

Besser noch verdienten, jedenfalls in den ersten Jahren, die Gesamtvollstreckungsverwalter, von manchen als »Betriebsbestatter« bezeichnet. Schon 1990/91 gingen die hastig fusionierten Konsumgenossenschaften Rostock, Neubrandenburg, Halle in die Gesamtvollstreckung, weil es ihnen nicht möglich war, ihre Vermögenswerte in klingende Münze umzuwandeln. Anders ausgedrückt: Sie waren reich, aber hatten kein flüssiges Geld, um ihre Geschäfte zu finanzieren.

Der einst riesige KONSUM im Osten Deutschlands mit seinem flächendeckenden Verkaufsstellen- und Gaststättennetz und seiner Industrie verschwand in Liquidationen, Gesamtvollstreckungen, Insolvenzen, Übernahmen oder Verkauf, manchmal auch durch Aufgabe. Die Negativschlagzeilen im ersten Jahrzehnt nach der Wende überdeckten die durchaus vorhandenen Erfolgsmeldungen aus dem KONSUM.

Einigen Genossenschaften gelang es, das Ladennetz zu modernisieren, an günstigen Standorten zu expandieren und zu konkurrieren. Immerhin gibt es heute noch 17 aktive Konsumgenossenschaften in den neuen Bundesländern, wenn auch mit sehr unterschiedlichen Strukturen und Geschäftsbereichen. Viele haben Vertriebsgesellschaften als eigene Töchter oder gemeinsam mit ihren Lieferanten. Die Konsumgenossenschaften im Magdeburger Raum produzieren auch heute noch Backwaren, so in der Stendaler Landbäckerei und Feinkostprodukte über die Fekoma. Von den vielen Produktionsbetrieben gibt es unter der Fahne der heutigen »Konsumverband eG Berlin« zwei größere Produzenten, die den Sprung in die Marktwirtschaft geschafft haben: Bürstenmann Stützengrün und die Röstfein Magdeburg, beides moderne Betriebe mit überzeugenden Ergebnissen und Erzeugnissen. In Thüringen sind zwei weitere Töchter des Konsumverbandes präsent: das Berghotel in Oberhof und das Romantik Hotel Dorotheenhof in Weimar. Was hoffnungsvoll stimmt – unter dem Dach der kleinen KONSUM-Gruppe versammeln sich seit kurzem noch Genossenschaften anderer Branchen, z.B. die älteste Raiffeisengesellschaft Deutschlands – die Mühle und Bäckerei Bärenheckel.

KONSUMVEREIN
Ohne verteuernden Umweg!
GEG-Erzeugnisse aus Euren eigenen Fabriken über die Verteilungsstelle in Euren Haushalt. Was dadurch erspart wird, kommt Euch selbst zugute.
GROSSEINKAUFS-GESELLSCHAFT DEUTSCHER CONSUMVEREINE MBH HAMBURG

Blick in die Geschichte

Ihre Vorläufer hat die Genossenschaftsbewegung in den Sippenverbänden, Markgenossenschaften, Zünften und Gilden längst vergangener Zeiten. Die eigentliche konsumgenossenschaftliche Bewegung entstand Mitte des 19. Jahrhunderts.

1844 begann im englischen Rochdale eine Entwicklung, die weltumspannend werden sollte. 28 Weber schlossen sich zur ersten Konsumgenossenschaft zusammen. Der erste KONSUM-Laden wurde in dieser kleinen Stadt, nahe Manchester, am 21. Dezember 1844 »unter dem Hohngelächter der von den Krämern aufgestachelten Rochdaler Jugend« eröffnet. Aus Sorge, die ständig steigenden Lebensmittelpreise nicht mehr bezahlen zu können, gingen die Rochdaler Weber zur genossenschaftlichen Selbsthilfe über.

Das Prinzip: In großen Partien reine und unverfälschte Ware einkaufen, in kleinen Posten gegen bares Geld verkaufen, den Überschuß gerecht verteilen.

Noch heute kann man in Rochdale diesen bescheidenen ersten konsumgenossenschaftlichen Lebensmittelladen als Museum besichtigen. Die »Redlichen Pioniere von Rochdale« sind mit ihren Grundsätzen in die Geschichte eingegangen. Sie formulierten im §1 ihrer Satzung: »Ziel und Zweck dieser Genossenschaft ist es, für den materiellen Nutzen und die Verbesserung der sozialen und wirtschaftlichen Verhältnisse ihrer Mitglieder Rechnung zu tragen ...«

Erstes Lager der »Redlichen Pioniere von Rochdale«, 1844

Prinzipien wie die offene Mitgliedschaft, demokratische Verwaltung, Rückvergütung, politische und religiöse Neutralität wurden zu Kriterien des Genossenschaftscharakters und später in Tausende von Satzungen der Konsumgenossenschaften in aller Welt aufgenommen.

Bald entstanden auch in Deutschland zur »Selbst-

hülfe« der notleidenden Bauern, Handwerker und Arbeiter die ersten Konsumgenossenschaften. In Chemnitz, der sächsischen Arbeitermetropole, gründeten Arbeiter der Chemnitzer Actien-Spinnerei anno 1850 den Spar- und Konsumverein »Ermunterung«. Im gleichen Jahr entstand die »Lebensmittel-Association zu Eilenburg«. 293 Mitglieder zahlten nach der Gründung jeden Monat 10 Silbergroschen ein, um ihren Geschäftsanteil von 10 Aktien à 15 Silbergroschen zu erwerben.

In der Werkstatt des Buchbindermeisters August Fritsche, der eifrigster Verfechter der Idee der Verbrauchergenossenschaft war, entstand der erste Verkaufsraum unter der Bezeichnung »Abgabestelle für seine Majestät, das Volk«. Die ersten Läden handelten mit »allen Kolonial- und Gewürzwaren sowie Branntwein und Brennöl«.

Gründungen von Konsumgenossenschaften in Hamburg, Berlin, Stuttgart, Meißen, Altenburg, zunehmend auch in ländlichen Gegenden folgten. Ihre Orientierung ging oft in sozialdemokratische und gewerkschaftliche Richtung, manchmal auch in religiöse. In den 90er Jahren des 19. Jahrhunderts stieg ihre Zahl bedeutend an.

Ab 1889 galt in Deutschland das Genossenschaftsgesetz.

1894 wurde die »Großeinkaufsgesellschaft Deutscher Consumvereine m.b.H.« (GEG) in Hamburg gegründet, um die Vorteile des Großeinkaufs für die Konsumgenossenschaften zu nutzen. 47 Konsumvereine – darunter allein 27 aus Sachsen – waren die Gründer. Warenlager entstanden in Mannheim, Chemnitz, Berlin, Düsseldorf und Erfurt. Bis 1926 gab es 16 Großhandelslager. Die GEG wurde zum größten deutschen Handelsunternehmen, hatte 1920 über 1000 angeschlossene KONSUM-Vereine.

Man entschloß sich in dieser Zeit, eigene Produktionsstätten zu errichten. Noch heute gibt es viele davon, z.B. die Bürstenfabrik Stützengrün,

Konsumverein für Parchim
und Umgegend
eingetr. Genossenschaft mit beschr. Haftpflicht.

Legitimationskarte

für Herr Otto Rambow

Mitglied Nr. 2646

Der Vorstand.

Ware wird nur bei Vorzeigung dieser Karte verabfolgt.

Zur Beachtung!

Nach § 152 des Gesetzes vom 1. Mai 1889 betr. die Erwerbs- und Wirtschaftsgenossenschaften in der Fassung vom 20. Mai 1898 wird mit Geldstrafe bis zu 150 Mark bestraft: Das Mitglied, welches seine Legitimation, durch die es zum Warenkaufe berechtigt wird, einem Dritten zum Zweck unbefugter Warenentnahme überläßt.

Dritte, welche von dieser Legitimation zu demselben Zwecke Gebrauch machen oder auf andere Weise zu unbefugter Warenabgabe zu verleiten unternehmen, werden in gleicher Weise bestraft.

An Stelle einer verlorengegangenen Legitimationskarte kann gegen Vorzeigung des Quittungsbuchs und Unterzeichnung einer Empfangsbescheinigung eine neue Karte ausgestellt werden und sind dafür 50 Pf. zu entrichten.

Verlagsgesellschaft deutscher Konsumvereine m. b. H.

Die Armee

der im Internationalen Genossenschaftsbund organisierten Käuferfamilien beziffert sich auf

über 24,000,000

42,650 Konsumvereine erzielten im Jahre 1920 einen Warenumsatz von über 8 Milliarden Franken

Die Wareneinkäufe werden in den Konsumgenossenschaften besorgt von den Vertrauensleuten der Konsumenten.

Ueber Einnahmen und Ausgaben wird getreulich Buch geführt und den Konsumenten darüber genau Aufschluß gegeben.

Ueber das Rechnungsergebnis verfügen die Konsumenten nach Maßgabe der von ihnen sich selbst gegebenen Statuten und nach freiem Ermessen.

Werbet stets neue Mitglieder für Eure Konsumentenorganisation und macht aus den Mitgliedern Genossenschafter,

die zielbewußt daraufhin arbeiten:

Daß der Profit aus dem Wirtschaftsleben ausgeschaltet wird und sich nicht der Mensch an seinen Mitmenschen bereichern kann;

daß der Kampf um den Absatz ersetzt wird durch den friedlichen Austausch der in gemeinsamer Arbeit hergestellten Produkte.

250

Heimstätten-Baugenossenschaft
„Fortschritt"
eingetragene G. m. b. Haftpflicht
in Köln

Geschäfts-Anteilschein

A.

über

Zweihundertfünfzig Mark

Inhaber dieses Anteils ist beteiligt und haftet mit gleicher Summe.
Auf Grund des Genossenschaftsgesetzes vom 1. Mai 1889,
der Statuten vom 16. September 1919.

KÖLN, laut Generalversammlung vom 29. Juli 1919.

Der Aufsichtsrat: Der Vorstand:

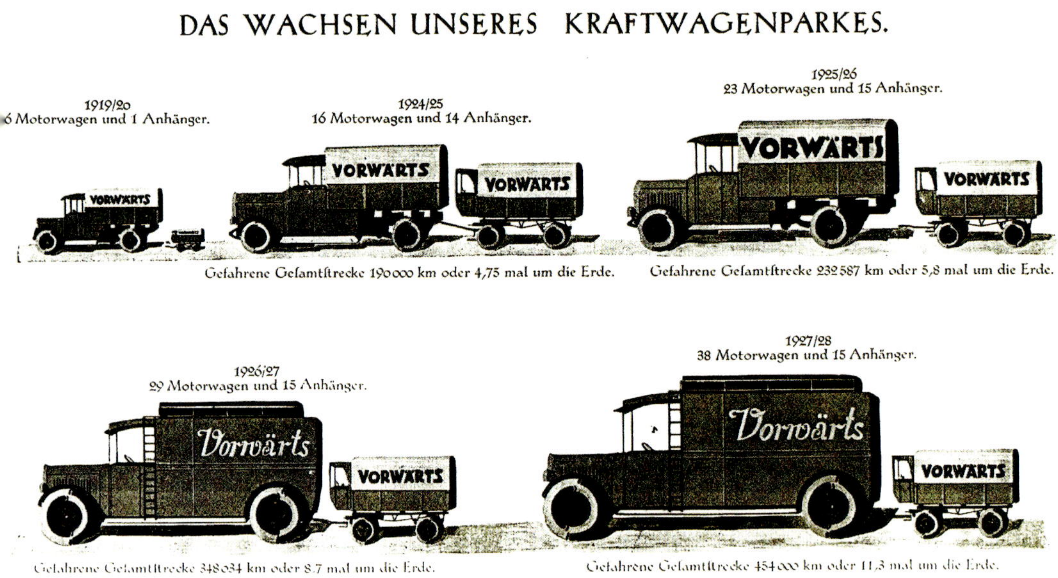

ein KONSUM-Unternehmen, oder die Seifenfabrik Riesa, die heute nicht mehr zum KONSUM gehört.

Im Jahre 1895 fand die Gründung des Internationalen Genossenschaftsbundes (IGB) in London statt. Im Jahr 1920 waren in ihm 42650 Konsumvereine mit 24 Millionen Käuferfamilien organisiert. Eine weltweite Bewegung war entstanden. Es gibt auch heute noch den offiziellen »Internationalen Genossenschaftstag«, er findet jährlich am ersten Juli-Samstag statt.

Anfang des 20. Jahrhunderts existierten in Deutschland bereits über 2000 Konsumvereine mit einer Million Mitgliedern.

Sogar Städte schlossen sich der KONSUM-Bewegung an. Zum Beispiel Chemnitz, Lörrach, Waldshut, Jena und Güstrow. Das war keine übliche Mitgliedschaft, sondern als symbolische Zugehörigkeit zu verstehen, die Sympathie ausdrücken und Unterstützung signalisieren sollte. Mit der Höchstzahl der zulässigen Genossenschaftsanteile wurden die Städte KONSUM-Mitglied. Die Mitgliedschaft hatte oft günstige kommunale Kredite an den KONSUM zur Erweiterung seiner Geschäftstätigkeit und die Befreiung von kommunalen Steuern und Abgaben zur Folge. Außerdem bedeutete sie die vertragliche Lieferung von Waren an kommunale Einrichtungen wie Krankenhäuser, Altersheime, Küchen und die Lieferung von Lehrmitteln an Schulen der Kommune durch den KONSUM.

1930 waren bereits 3,5 Millionen Mitglieder in den KONSUM-

Vereinen und ihren Verbänden in Deutschland eingetragen. Entsprechend hatten sich auch die Umsätze entwickelt.

Mit der Naziherrschaft begann die schwerste Zeit für den KONSUM. Für Hitler gehörte der KONSUM zu den »bolschewistischen Einrichtungen«, wurde zu einer »unerwünschten Unternehmensform«. Die Nähe der Konsumgenossenschaften zur Sozialdemokratie und zu den Gewerkschaften sowie ihre innergenossenschaftliche Demokratie paßten nicht ins nationalsozialistische System. Also wurden sie, wie es damals hieß, »in sichere Hände« überführt und zunächst in die Deutsche Arbeitsfront unter Robert Ley als »Verbrauchergenossenschaften« eingeordnet. Die Freiheit der Selbstbestimmung war dadurch aufgehoben. Nicht genehme Vorstandsmitglieder wurden entlassen, nationalsozialistische Ortsbeauftragte hatten das Sagen. Nach Zwangsliquidierungen, Übergriffen und Zerstörungen kam 1941 das endgültige Aus für die Konsumgenossenschaften. Sie wurden per Gesetz aufgelöst, verboten und ihres Vermögens durch die Nationalsozialisten beraubt.

Am 18. Dezember 1945 erfolgte auf den Befehl Nr. 176 der Sowjetischen Militäradministration die Wiedererrichtung der Konsumgenossenschaften in der sowjetischen Besatzungszone.

Viele engagierte Genossenschafter hatten gleich nach Kriegsende sofort wieder mit der genossenschaftlichen Arbeit begonnen, und so gab es bis Dezember 1945 im Osten Deutschlands bereits wieder 33 Konsumgenossenschaften. Die erste entstand drei Tage vor Kriegsende, nämlich am 5. Mai 1945 im brandenburgischen Calau.

Die SMAD sah die Restitution der Konsumgenossenschaften als entscheidenden und unaus-

An die Einwohner der Stadt u. des Kreises Güstrow

Am 23. Dezember 1945 gab der Rundfunk allgemein bekannt:

Marschall Shukow

als Oberster Chef der Sowjetischen Militär-Administration und Oberbefehlshaber der Gruppe der Sowjetischen Besatzungstruppen

hat mit dem hochherzigen Befehl Nr. 176 vom 18. Dezember 1945 die alsbaldige

Wiederherstellung der Konsum-Genossenschaften

in der Russischen Besatzungszone

genehmigt.

Eine mehr als 12 lange Jahre dauernde Unterdrückung der 100-jährigen deutschen Konsum-Genossenschaftsbewegung durch die Nazi-Herrschaft hat damit in der Russischen Besatzungszone ein Ende gefunden.

Die Konsum-Genossenschaften, als soziale Einrichtungen der Selbsthilfe aller schaffenden Menschen mit kleinen Löhnen und Gehältern, müssen nun baldigst in allen Städten und allen Bezirken auf dem Lande wieder aufgebaut werden oder neu entstehen.

Die Konsum-Genossenschaftsbewegung, die sich heute wieder wie bisher die Verbesserung der Versorgung der arbeitenden Bevölkerung mit guten Lebensmitteln und Bedarfsgütern zu gerechten Preisen zur Aufgabe gemacht hat, wird damit einer der Hauptträger des kommenden Zeitalters.

Die Konsum-Genossenschaften sind vor 100 Jahren in schweren Notzeiten der Werktätigen entstanden und wir wollen sie nun heute, nach diesem furchtbarsten aller Kriege, der soviel Leid über die ganze Menschheit gebracht hat, und nach Überwindung der Nazi-Herrschaft wieder auferstehen lassen und neu gründen.

Dieses Beginnen unter den jetzigen, schwierigen Verhältnissen soll ein Symbol sein für unser Wollen zum Wiederaufbau in freiwilligem Zusammenschluß und in gemeinschaftlicher, vom Geiste der Brüderlichkeit und gegenseitigen Hilfsbereitschaft getragener Arbeit.

Genossenschafter!

Helft alle mit am Wiederaufbau der Wirtschaft, werdet Mitglied der Konsum-Genossenschaft und kommt zu der

Gründungsversammlung

der Konsum-Genossenschaft Güstrow

am Sonnabend, den 9. Februar 1946, 19.30 Uhr im Lichtspielhaus „Capitol".

Die Frauen sind hierzu besonders herzlichst eingeladen.

Das Organisations-Büro der Konsum-Genossenschaft Güstrow.

Ortmann. Skrotzki. Schult, Eliese. Wahl, Erna. Schwarz. Lau.
Drees. Schultze. Laabs.

Druckerei 1. Zs. A-12084.

KONSUM-Kaufhaus in Schwerin

weichlichen Schritt an, das durch den Weltkrieg entstandene Chaos in der Versorgung der Menschen schnellstens zu beseitigen und der Genossenschaftsbewegung ihre alten Ideen und Inhalte wieder zurückzugeben, freilich unter den Bedingungen der Planwirtschaft.

Auch in den westlichen Besatzungszonen bekamen die Genossenschaften ihr Eigentum zurück. Zumindest teilweise. Einiges war auch »verlorengegangen«, hüben wie drüben.

Die wirtschaftliche Entwicklung, die zunehmende Konkurrenz und die Veränderung der Einzelhandelslandschaft in Westdeutschland führten im Verlaufe der Jahre zur Umwandlung der Konsumgenossenschaften überwiegend in Aktiengesellschaften und damit zu ihrer Auflösung. In der 1981 gegründeten coop Aktiengesellschaft mit Sitz in Frankfurt am Main, in der über 100 Konsumgenossenschaften aufgegangen sind, kam es 1988 zu einem skandalösen Ereignis. Undurchsichtige Vermögensverschiebungen und bilanztechnische Manipulationen, dazu eine Verschuldung von 5 Milliarden DM bedeuteten das Aus für die coop AG. Die Folge war die Schließung zahlreicher Läden und die Veräußerung von Unternehmensbereichen. Der Vorstandschef Bernd Otto, aus der Gewerkschaft hervorgegangen, wurde zu einer mehrjährigen Haftstrafe verurteilt.

In den alten Bundesländern gibt es zur Stunde nur noch wenige klassische Konsumgenossenschaften, so unter der Marke coop in Schleswig-Holstein oder im Schwarzwald.

In der späteren DDR kam es zu einer völlig anderen Entwicklung des KONSUMs. Die ursprüngliche Genossenschaftsidee blieb erhalten, aber »staatlich verordnet« wurden dem KONSUM Aufgaben übertragen. Er hatte zunächst vorrangig die ländlichen Gebiete zu versorgen, somit auch die Kollektivierung der Landwirtschaft zu unterstützen. Es entstanden vorübergehend Dorfkonsumgenossenschaften, die direkt vor Ort mit den Landwirtschaftlichen Produktionsgenossenschaften und den Bürgermeistern zusammenarbeiteten und ein immer dichter werdendes Verkaufsstellennetz errichteten. Auch Orte mit weniger als 100 Einwohnern hatten ihren eigenen KONSUM. Verkaufswagen und -busse fuhren bis in die entferntesten und kleinsten Orte. Das Tätigkeitsfeld erweiterte sich: Der KONSUM übernahm den aus Mangel an Waren erforderlichen Aufkauf landwirtschaftlicher Erzeugnisse, die Arbeiterversorgung in den Produktions- und Baubetrieben, das Gaststättenwesen, die Ferien- und Urlauberversorgung, die Ernteversorgung auf den Feldern, die Schüler- und Kinderspeisung, die Grenzversorgung und die Betreuung der Kommissionshändler. Immer größere Fuhrparks in den Konsumgenossenschaften wurden aufgebaut.

Auf stetiges Verlangen der KONSUM-Mitglieder in den Städten wurde auch hier der Einfluß stärker, wenngleich in der zentralen Planung die HO, die beispielsweise wesentlich mehr Kaufhallen in den Städten betrieb, vorrangig entwickelt wurde.

Die Versorgung mit Lebensmitteln stand beim KONSUM stets an erster Stelle, aber auch der Handel mit Industriewaren wurde ausgebaut. Die gesamte Handels- und Produktionstätigkeit vollzog sich auf der Grundlage zugewiesener Warenfonds, unterlag der staatlichen Kontingentierung, auch bei den Erzeugnissen, die in konsumeigenen Betrieben hergestellt wurden, was insbesondere auf Brot und Backwaren sowie Fleisch und Fleischwaren zutraf.

Nach vielen strukturellen und organisatorischen Umbildungen der Konsumgenossenschaften gab es schließlich im Jahr 1989 in jedem Kreis der DDR eine Konsumgenossenschaft, 198 an der Zahl, mit annähernd 4,6 Millionen Mitgliedern. In jedem Bezirk war ein Bezirksverband tätig und in Berlin der »Verband der Konsumgenossenschaften der DDR«.

Die Konsumgenossenschaften hatten zu dieser Zeit einen Marktanteil von über 40 % und waren nach der HO das zweitgrößte Handelsunternehmen der DDR.

Die Marken bitte!

Mitglied im KONSUM konnte jeder Bürger der DDR werden, wenn er das 16. Lebensjahr vollendet hatte. Er mußte das Statut anerkennen und bereit sein, einen Geschäftsanteil von 50 Mark zu entrichten. Im ersten Jahr zahlte er 25 Mark an, die nächsten 25 Mark wurden von der Rückvergütung im zweiten Mitgliedsjahr abgezogen. Das fiel den Mitgliedern nicht so schwer, weil die erreichte Rückvergütung meist wesentlich höher lag als der noch zu zahlende Geschäftsanteil.

Familienangehörige eines Mitgliedes waren schon mit 20 Mark Geschäftsanteil dabei. Monatliche Beiträge, wie in Parteien und Organisationen, mußte das Mitglied der Konsumgenossenschaft nicht zahlen. Im Gegenteil, hier gab es zusätzliches Geld für die Familienkasse. Und weil das so war, stiegen die Mitgliederzahlen unaufhörlich.

»Die Marken bitte« war gewiß jahrzehntelang das am häufigsten gebrauchte Kundenwort an den Kassen des KONSUMs. (Wer es nicht weiß: KONSUM wird im Osten auf der ersten Silbe betont.) Die kleinen grünen, blauen, roten und braunen Konsummarken im Wert von einer, fünf, zehn oder fünfzig Mark der DDR gehörten zum täglichen Einkauf wie die Butter zum Brot. Man bekam sie nach dem Vorzeigen seines KONSUM-Mitgliedsausweises an der Kasse. Und kannte die Verkäuferin den Kunden, so konnte er auf das Vorzeigen des Ausweises getrost verzichten. Zu Hause wurden sie dann in ein Heftchen geklebt. Auch Oma tat ihre Marken dazu, wenn sie sie nicht persönlich zum KONSUM brachte. Die Marken wurden dann beim KONSUM abgerechnet, und der vergütete die Einkäufe. Es war in jedem Jahr das gleiche Ritual. Aufwendig, aber es lohnte sich ja.

Die KONSUM-Mitglieder sammelten fleißig Rabattmarken, die sie für die Waren er-

Volle Anteileinzahlung bedeutet Stärkung der genossenschaftlichen Eigenmittel und damit Erhöhung der Verkaufskultur und Verbesserung Deiner Verkaufsstelle.

Ist Dein Anteil gezahlt?

hielten, die man im KONSUM zu kaufen bekam: für den täglichen Lebensmitteleinkauf genauso wie für größere Anschaffungen, egal, ob sie am Ort der Konsumgenossenschaft oder an anderem Ort gekauft wurden. Ausgenommen waren Kaffee, Kühlschränke, Waschmaschinen, Nähmaschinen und Kunstgewerbe. Später dann auch Motorfahrzeuge, Edelpelze, Schmuck aus Edelmetall, handgeschliffenes Bleikristall, Musikinstrumente, Waren aus dem ambulanten Verkauf, Briefmarken, Münzen und Gaststättenumsätze. Diese Ausnahmen gab es, und sie wurden akzeptiert.

Die Heftchen mit den eingeklebten Marken wurden jeweils im Januar für das verflossene Jahr in der KONSUM-Verkaufsstelle, in der man als Mitglied eingetragen war, abgegeben.

Im September wurde dann das »große Geld« ausgezahlt, etwa 1,5 bis 1,7 % des getätigten Umsatzes. Das war für den einzelnen Genossenschafter sicher, denn für den Fall, daß diese Rückvergütung in einer Konsumgenossenschaft einmal nicht erwirtschaftet wurde, bekam sie es aus dem »Zentralen Soli-Fonds« des Verbandes der Konsumgenossenschaften.

Pro Familie ergab das jährlich durchschnittlich 150 Mark. Wurden größere Anschaffungen gemacht, konnte es mehr sein. Hatte man in der HO oder bei Privathändlern gekauft – denn oftmals hatte man nicht die Wahl, sondern mußte dort kaufen, wo man bekam, was man suchte, und schließlich gab es überall die gleichen Waren zum gleichen Preis –, fiel es auch manchmal niedriger aus.

Dieses Geld, abzüglich eines kleinen Betrages für die Solidarität, der dem KONSUM-Mitglied gleich bei der Auszahlung der Rückvergütung abverlangt wurde, planten die meisten ein – eine willkommene Aufbesserung der Familieneinkünfte, oftmals für den Kauf der Kohlen und Einkellerungskartoffeln eingesetzt. Ein Zentner Kohle kostete auf mengenmäßig begrenzte Bezugsscheine 2 Mark. Ohne Bezugsschein, und davon mußte der größte Anteil gekauft werden, 4 Mark. Ein Zentner Einkellerungskartoffeln kostete 7 Mark. In vielen Familien war es üblich, den Keller durch diesen »warmen Regen« zum Winter zu füllen.

Manchmal koppelten die Konsumgenossenschaften auf dem Lande findigerweise die Auszahlung der Rückvergütung mit ihren Ver-

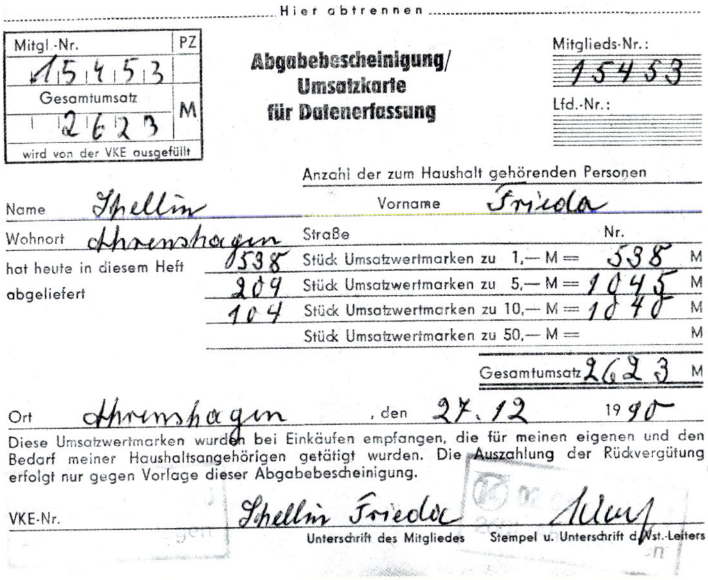
Hier abtrennen

Mitgl.-Nr.	PZ
15453	
Gesamtumsatz	
2623	M
wird von der VKE ausgefüllt	

Abgabebescheinigung/ Umsatzkarte für Datenerfassung

Mitglieds-Nr.: 15453

Lfd.-Nr.:

Anzahl der zum Haushalt gehörenden Personen

Name Schellin Vorname Frieda

Wohnort Ahrenshagen Straße Nr.

hat heute in diesem Heft abgeliefert

538	Stück Umsatzwertmarken zu 1,— M =	538	M
209	Stück Umsatzwertmarken zu 5,— M =	1045	M
104	Stück Umsatzwertmarken zu 10,— M =	1040	M
	Stück Umsatzwertmarken zu 50,— M =		M

Gesamtumsatz 2623 M

Ort Ahrenshagen, den 27.12 1990

Diese Umsatzwertmarken wurden bei Einkäufen empfangen, die für meinen eigenen und den Bedarf meiner Haushaltsangehörigen getätigt wurden. Die Auszahlung der Rückvergütung erfolgt nur gegen Vorlage dieser Abgabebescheinigung.

VKE-Nr. Schellin Frieda

Unterschrift des Mitgliedes Stempel u. Unterschrift d. Vst.-Leiters

kaufsmessen, boten in Landsälen ein breites Bekleidungs- und Haushaltssortiment an, damit das Mitglied seinen Vergütungsbetrag gleich wieder beim KONSUM beließ.

Böse Zungen behaupten, daß manche KONSUM-Mitarbeiter recht großzügig beim Ausgeben der Marken an Freunde und Bekannte waren, denn was der eine Kunde, der vielleicht nicht Mitglied im KONSUM war, demzufolge auch nicht abforderte, konnte man dem anderen zustecken, ohne daß es bei der Marken-Inventur auffiel. Jedenfalls konnte die Kontrolle über diese unscheinbaren Marken nur höchst unvollkommen ausgeübt werden. Doch in der Regel waren die KONSUM-Verkäuferinnen und -Verkäufer korrekt und behandelten die Konsummarken wie Geld.

Einige wenige Konsumgenossenschaften behielten diese Form der Rückvergütung für ihre Mitglieder auch nach der Wende bei, konnten sie aber besonders bei Lebensmitteln nicht mehr in gewohnter Höhe zahlen. Dafür reichten die Margen nicht.

So pflegte die traditionsbewußte Dresdner Konsumgenossenschaft das Markensystem wei-

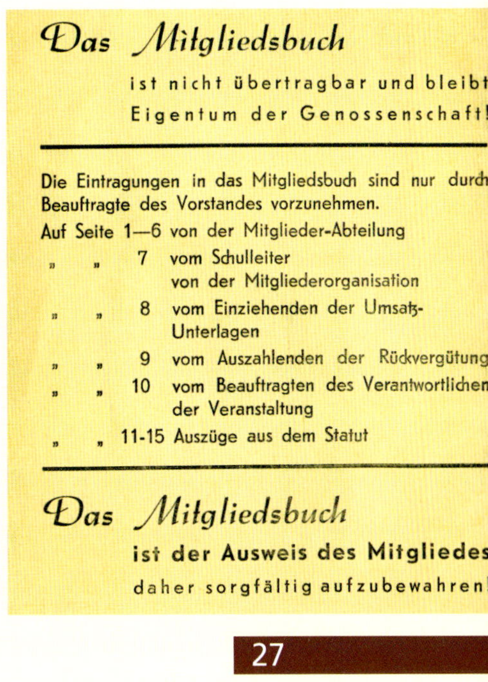
Das Mitgliedsbuch

ist nicht übertragbar und bleibt Eigentum der Genossenschaft!

Die Eintragungen in das Mitgliedsbuch sind nur durch Beauftragte des Vorstandes vorzunehmen.

Auf Seite 1—6 von der Mitglieder-Abteilung
„ „ 7 vom Schulleiter von der Mitgliederorganisation
„ „ 8 vom Einziehenden der Umsatz-Unterlagen
„ „ 9 vom Auszahlenden der Rückvergütung
„ „ 10 vom Beauftragten des Verantwortlichen der Veranstaltung
„ „ 11-15 Auszüge aus dem Statut

Das Mitgliedsbuch

ist der Ausweis des Mitgliedes daher sorgfältig aufzubewahren!

Ab 1. Januar 1954 Umsatzmarken

Von den Mitgliedern wird immer wieder Klage über das mühselige Aufrechnen der Kassenzettel geführt, die bekanntlich als Nachweis des Mitgliederumsatzes zwecks Berechnung der Rückvergütung in der Verkaufsstelle abgegeben werden müssen.

Andererseits war und ist es unmöglich, alle eingereichten Kassenzettel einzeln auf ihre Richtigkeit zu überprüfen und die Aufrechnung der Kaufsummen zu kontrollieren. Die hierfür aufgewandten Kosten wären viel zu hoch, weil es sich jährlich um Milliarden Kassenzettel handelt. Man müßte sich also auf Stichproben beschränken. Diese Lücke in der Kontrolle hat dazu geführt, daß in erheblichem Maße Kassenzettel anerkannt wurden, die Mitglieder ungerechtfertigt abrechneten. Überprüfungen in einzelnen Verkaufsstellen haben ergeben, daß bis zu 30 Prozent der eingereichten Kassenzettel solche aus HO-Läden und Privatgeschäften sind und daß erhebliche Mengen an Kassenzetteln nicht den Stempelaufdruck „Mitglied" tragen, sondern von Nichtmitgliedern an die Mitglieder weitergegeben wurden. Desgleichen wurden offensichtliche Fälschungen, insbesondere der Kaufsumme aufgedeckt.

Aus all diesen Gründen wurde es immer dringender, das Kassenzettelsystem durch eine andere Methode zu ersetzen.

Verschiedene Konsumgenossenschaften in der Republik sind bereits von sich aus von dem Rücklauf der Kassenzettel abgegangen und haben Umsatz-Klebemarken eingeführt, so z. B. in Schönebeck, Dessau, Arnstadt, Nordhausen, Jena und Ilmenau. Bereits im Jahre 1952 befaßte sich der VDK mit einer allgemeinen Einführung von Umsatzmarken in der Deutschen Demokratischen Republik. An den Vorarbeiten nahmen ehrenamtliche Funktionäre aus den Verkaufsstellen, Verkäuferinnen und Verkaufsstellenleiter, Vorstandsmitglieder aus den Konsumgenossenschaften und Verbänden teil. Auf Grund der im Frühjahr geführten Diskussion über die Einführung einer Rückvergütung zum Anteil wurden diese Arbeiten vorübergehend eingestellt. Nachdem die 6. Tagung des Genossenschaftsrates des VDK entschieden hat, daß die Rückvergütung auch weiterhin auf der Grundlage des getätigten Umsatzes der Mitglieder errechnet wird, sind die Arbeiten wieder aufgenommen und jetzt zum Abschluß gebracht worden.

Ab 1. Januar 1954 werden in allen Konsumgenossenschaften in der Republik (außer Berlin) Umsatzmarken eingeführt. Diese Marken werden in drei Werten ausgegeben, nämlich zu 20,— DM, 1,— DM und zu 20 Pfennigen.

Jedes Mitglied erhält für die drei Markenarten Klebekarten. Bei jedem Einkauf wird das Mitglied künftig entsprechend der Kaufsumme Klebemarken erhalten, wobei Spitzenbeträge von 1 — 9 Pfennigen unberücksichtigt bleiben. Bei Spitzenbeträgen von 10 — 19 Pfennigen wird eine 20 Pfennig-Marke ausgegeben.

Die Klebekarte für die Marken zu 20,— DM wird das ganze Jahr über benutzt, während voll geklebte Karten mit Marken zu 1,— DM und 20 Pfennigen in Wertmarken zu 20,— DM umgetauscht werden. Am Jahresende wird die Karte mit den 20,— DM-Marken, zusammen mit den beiden angefangenen Karten mit 1,— DM und 0,20 DM-Marken, in der Stamm-Verkaufsstelle abgegeben und bildet die Grundlage für die Errechnung der Rückvergütung.

Die Umsatzmarken ersparen den Mitgliedern künftig die Aufrechnung ihrer Kassenzettel und erleichtern die Feststellung des Umsatzes der einzelnen Mitglieder. Sie geben größere Sicherheiten, da Marken nur gegen Vorlage der Klebekarte des Mitgliedes ausgehändigt werden.

Obgleich die Einführung der Umsatzmarken allgemein begrüßt wird, gibt es auch von verschiedenen Seiten die Befürchtung, daß die Markenausgabe als zusätzliche Belastung der Verkäuferinnen den Verkaufsablauf hemmen würde. Die Praxis in den Konsumgenossenschaften, die bereits mit solchen Marken arbeiten, hat jedoch bewiesen, daß die Umsatzmarken von den Mitgliedern, wie auch von den Mitarbeitern im Verkauf, als die bestmögliche Lösung empfunden werden.

Die Lieferung aller Umsatzmarken und Klebekarten erfolgt durch den VordruckVerlag, Halle.

Die Klebekarten werden bereits Ende Oktober, die Umsatzmarken Ende November, Anfang Dezember, versandt.

ter und gewährte seinen Mitgliedern 0,5 % vom Umsatz als Vergütung. Anfang 2002 wurde dieses Ritual auch in Dresden zu Grabe getragen, aber die Rückvergütung für die Dresdner Konsummitglieder blieb. Mit der Einführung des Euros erhielten sie die »elektronische Konsummarke«.

Waren die Konsummarken früher einmal aus Blech, später aus Pappe, dann aus Papier, ist heute die Plastik-Karte angesagt.

Nach wie vor erfolgt einmal im Jahr die Rückvergütung, die dem Mitglied auf seinem Konto gutgeschrieben und entweder für Einkäufe oder für die Erhöhung des Genossenschaftsanteils eingesetzt wird. Das entscheidet das Mitglied selber.

Der Unterschied zu anderen Kundenkartensystemen ist, daß nur den Mitgliedern der Genossenschaft und ihren Familien diese Vorteile gewährt werden. Man sammelt keine imaginären Punkte, sondern bekommt konkrete Leistungen, Rabatte und andere Vorteile geboten, wozu auch Vergünstigungen zählen, die Partnereinrichtungen der Konsumgenossenschaft Dresden gewähren, darunter die Dresdner Verkehrsbetriebe, Hotels, Museen, Theater, Reisebüros.

Wenn also das vertraute »Die Marken bitte« verschwunden ist, so ist »Hier meine Card!« der zeitgemäße Beginn des Gesprächs zwischen KONSUM-Mitglied und Kassiererin an der KONSUM-Kasse im Supermarkt.

Wolle gegen Zwiebeln, Erdbeeren gegen Schweine

Anfang der 50er Jahre rief der KONSUM die sogenannten Kreis-Aufkaufkontore als selbstabrechnende wirtschaftliche Einheiten ins Leben. Sie waren zuständig sowohl für den Aufkauf pflanzlicher Erzeugnisse (Erdbeeren, Zwiebeln, Kirschen, Blumenkohl, Möhren, Tomaten und Gurken, auch Wildfrüchte), für den Aufkauf nichtmetallischer Altstoffe wie Papier, Flaschen und Gläser, Lumpen und Knochen, auch für den Aufkauf tierischer Erzeugnisse (Eier, Milch) und sogar für den Aufkauf der lebenden Tiere. Die Losung war: »Bauern, Kleintierhalter, Genossenschafter! Verkauft Eure Übersollprodukte an pflanzlichen und tierischen Erzeugnissen Eurer Konsumgenossenschaft.«

Der ehemalige Aufkäufer Hans-Jörg Schmidt, heute Rentner, zuvor in leitender Tätigkeit beim KONSUM, erinnert sich: »Wir waren für die sogenannten ›Freien Spitzen der Landwirtschaft‹ zuständig. Als Aufkäufer besuchten wir die Bauern auf ihren Gehöften oder an bestimmten Orten zu den festgelegten 14tägigen Aufkaufterminen und kauften die Tiere auf. Das ging bis etwa 1956, dann waren alle Bauern in den LPG vereinigt, und die hatten eigene Aufkauf- und Ablieferungsregelungen. Der Aufkauf der lebenden Tiere durch den KONSUM erübrigte sich damit.

Es gab vorgeschriebene Preissysteme für den Aufkauf. Die Schweine z. B. mußten mindestens 85 kg schwer sein, hatten aber meistens 100–120 kg. Oft auch noch mehr. Da die Preise mit den Gewichten eine progressive Entwicklung nahmen, realisierten die Schweinehalter einen günstigeren Preis und waren daran interessiert, möglichst schwere und damit fette Schweine abzuliefern. Um gesunde Ernährung ging es damals noch nicht.

Bei den Auftriebsterminen wurden die Kühe angebunden geliefert und die Schweine meistens auf Kastenwagen angefahren, dann am Ringelschwanz oder an den Ohren

Wildfrüchte sammeln ist volkswirtschaftlich wichtig und lohnend!

Ihre Konsum-Wildfrucht-Sammelstelle kauft gegen Barzahlung

Heidelbeeren	je kg 2,00 DM
Preiselbeeren	je kg 1,80 DM
Himbeeren	je kg 1,40 DM
Brombeeren	je kg 1,20 DM
Steinpilze	je kg 1,60 DM
Pfifferlinge	je kg 1,90 DM
Champignon	je kg 1,20 DM

Außerdem werden zu örtlich festgesetzten Preisen Holunderbeeren, Hagebutten und andere Wildfrüchte aufgekauft.

angefaßt und auf die Waage gezerrt. Nach dem Wiegen erfolgte sofort die Verladung, entweder zum nächstgelegenen Schlachthof oder per Waggon in andere Bezirke. So, wie der Plan es vorsah.

Die Planung schrieb auch genau vor, was die Bezirke untereinander auszutauschen hatten. Wolle gegen Zwiebeln, Erdbeeren gegen Schweine, Schafe gegen Pflaumen und Kartoffeln, Aale gegen Champignons usw.

Manchmal mußte, um die Versorgung mit Obst und Gemüse einigermaßen erträglich zu gestalten, mit Lastzügen in andere Bezirke gefahren werden. Dort wurde die von der ansässigen Konsumgenossenschaft aufgekaufte Ware übernommen. Am nächsten Tag kamen diese Artikel über Angebotstouren in die Verkaufsstellen. Das war damals sogar beispielgebend, denn die Belieferung durch den staatlichen Großhandel Obst, Gemüse und Speisekartoffeln (OGS) war umständlich.

Ein anderes Beispiel: Wurde der Monatsplan für die ›nichtmetallischen Altstoffe‹ nur ungenügend erfüllt, was öfter einmal vorkam, mußten die Aufkäufer sonntags – der Sonnabend war ja sowieso Arbeitstag – mit LKW in die Landgemeinden fahren. Sie machten auf sich und ihr Ansinnen mit einer Handbimmel aufmerksam und erfüllten mit diesen Aktionen ihren Plan nachträglich. Auch so sah manchmal die Planwirtschaft aus.

Die Aufkäufer mußten trinkfreudig sein, denn die Kommunikation mit den Bauern erforderte das. Beliebt waren Pfeffi (Pfefferminzlikör) mit 32 % Alkohol und Boonekamp mit 40 %. Die Ehefrauen waren immer hochbeglückt, wenn ihre Männer am Abend nach getaner Arbeit und reichlichem Genuß dieses hochprozentigen Alkohols, den sie noch mit Bier verdünnten, nach Hause kamen. Dabei ging es nicht nur um den benommenen Kopf und den ondulierten Gang, sondern auch um den Geruch, den sie mitbrachten, sowohl den von den Tieren als auch den von den stark aromatisierten Schnäpsen.

Unsere KONSUM-Aufkäufer mußten außerdem harte Burschen und unerschrocken sein, denn oft waren sie mit Aktentaschen voller Geld

S e l b s t v e r p f l i c h t u n g .

Zu Ehren des III. Genossenschaftstages und aus Anlaß der Kreisdelegierten-Konferenz der SED wird folgende Verpflichtung abgegeben:

Genossenschafterin Allward, VST. 2o3 verpflichtet sich

5 Schweine aufzukaufen
ausserdem bis zum 1.Juli 1955 eine Kulturgruppe
aufzubauen, die bei allen Veranstaltungen auftreten kann.

Genossenschafter Bruno Bernitt, VST. 2o3 verpflichtet sich:

lo Schweine aufzukaufen, sein Eiersoll
mit 100 % zu erfüllen und sein Umsatzsoll
mit 110 % zu erfüllen.

gez. Vertreternausschuß
der VST 2o3 Laage

unterwegs, manchmal bis zu 30000 Mark. Die Bauern wollten schließlich immer gleich Geld sehen.

Autos standen für diese Tätigkeit auch nicht zur Verfügung, und so nahmen sie das Dienst-Fahrrad, Vorkriegsmodell Marke Wanderer, mit dem sie durch den Landkreis gondelten, manchmal 50 bis 70 Kilometer pro Tag. Ohne irgendwie geschützt zu sein. Aber in diesen Jahren ging das alles noch.

Für gute Ergebnisse gab es auch gute Monatsprämien, und so lohnte der ganze Einsatz denn auch.

Geschickt verband der KONSUM damals den Aufkauf mit dem Versandhandel. Die Aufkäufer hatten Angebotslisten mit, die sie den Bauern vorlegten, um sie zum Kauf anzuregen. Da gab es zum Beispiel solche Sortimente wie Elektrogeräte, Möbel, Musikschränke und Radios.

Im ›indirekten Austausch‹ wurde einem Bauern im Kreis Jüterbog sein Herzenswunsch erfüllt: Er erhielt für die abgelieferten 3 Schweine mit insgesamt 450 kg Lebendgewicht ein EMW-Motorrad. Es wurde durch den KONSUM ›frei Haus‹ geliefert.«

An den
Verband Deutscher Konsumgenossenschaften eGmbH.
Ref. Volkseigentum
z. Hdn. Koll. Böhmig
B E R L I N - W. 8
Stresemannstr. 128

18.8.1954

Volkseigentum

Anläßlich der gesetzlichen Prüfung für 1953 ist in unserer Bäckerei II ein Problem aufgetaucht, das uns veranlaßt, Sie um Ihren Rat zu bitten. Das Problem steht übrigens nicht nur in der Bäckerei II, sondern hat grundsätzliche Bedeutung.

Am 1.1.1950 wurde uns als Volkseigentum in der obengenannten Bäckerei ein Pferd übertragen mit folgendem Eröffnungsstatus:

(02) Neuwert DM 880,-	(09)	Wertberichtigung	DM 754,50
	(082)	Substanzwert des Volkseigentums	DM 125,50
			DM 880,-

Inzwischen war das Pferd Anfang 1953 vollständig abgeschrieben, so daß sich folgendes Bild zeigt:

(02) Neuwert DM 880,- wie oben	(09)	Wertberichtigung	DM 880,-
	(082)	Sunstamzwert des Volskeigentums	DM 125,50
			DM 1005,50

Die Ungleichheit mit der linken Seite rührt daher, daß DM 125,50 als Abschreibungen in die Kontenklasse 484 gebucht wurden. Da bis zum 31.12.1953 noch kein besonderes Bankkonto für Abschreibungen auf Volkseigentum bestand, ist dieser Gegenwert mit den Abschreibungen auf Genossenschaftseigentum auf das übliche Banksonderkonto /24 abgeführt worden.

Im Jahre 1953 ist das volkseigene Pferd verendet. Der Schrotterlös in Höhe von DM 112,50 wurde vorschriftsgemäß an de DIB abgeführt. Aus den obigen Darlegungen ergibt sich, daß das Pferd aus der Nutzung ausgeschieden ist, der Schrotterlös abgeführt wurde und trotzdem noch nach Meinung der gesetzlichen Revision der volkseigene Substanzwert (Konto 082) an den Staatshaushalt abzuführen ist.

Abgesehen davon, daß uns nicht klar ist, aus welchem Bankonto die Abschreibung vorzunehmen ist, sind wir im Zweifel, wieso es über den Schrotterlös hinaus noch angesichts der Vollabschreibung zu einer Substanzabführung kommen muß.

Konsumbrot macht Wangen rot

Diesen Werbespruch kennt fast jeder. Es gibt ihn seit den 20er Jahren des vergangenen Jahrhunderts. Auf jeden Fall charakterisiert er, daß beim KONSUM jahrzehntelang täglich nahrhaftes, bekömmliches und geschmacklich vorzügliches Brot gebacken wurde.

Das Brot hat bei den Konsumgenossenschaften immer eine besondere Rolle gespielt. Die ersten »Ladengenossenschaften« im schottischen Lemoxtown und im britischen Brighton oder die legendären Pioniere aus der Krötengasse von Rochdale handelten mit dem wichtigsten aller Lebensmittel, dem Brot.

Auch in Deutschland war das so, z. B. in der Berliner »Association zur Beschaffung von Lebensbedürfnissen« von 1849, deren Warensortiment aus »Bekleidung, Brot und Zigarren« bestand.

Im gleichen Jahr wurde in Berlin eine »Brotassoziation», eine »Gesellschaft zur gemeinsamen Beschaffung von Brod« betrieben, in der täglich 10 Zentner Brot gebacken und an die Mitglieder verkauft wurden.

Bei den ersten Konsumvereinen in Deutschland, in Eilenburg, De-

KONSUM-Bäckerei Rostock, Anfang des 20. Jahrhunderts, Zentrallager und Pferdestall

litzsch, Hamburg oder Chemnitz, stand ebenfalls die Brotversorgung im Mittelpunkt. Zu Beginn des 20. Jahrhunderts entstanden überall in Deutschlands Konsumgenossenschaften Bäckereien und Schrotmühlen.

Nach dem 2. Weltkrieg gab es zumindest in der sowjetischen Besatzungszone wohl keine Konsumgenossenschaft, die nicht eine eigene Bäckerei betrieb.

Ein Berliner Bäcker schildert den Neubeginn des Brotbackens so: »Die Rote Armee brachte Kohle und Mehl. Wir beseitigten die Zerstörungen an den Gebäuden und Maschinen unserer Bäckerei. Den Teig haben wir mit den Händen geknetet, weil kein Strom vorhanden war. Das Wasser haben wir in Gulaschkanonen abgekocht und eimerweise in den Backraum geschleppt. Gebacken haben wir dann nachts bei Kerzenbeleuchtung oder mit Karbidfunzeln. Die Menschen wurden von dem Brot nicht satt, aber wir bewahrten sie vor dem Hungertod.«

Im »Konsumgenossenschafter«, einer zeitweilig erscheinenden KONSUM-Zeitung, ist nachzulesen, daß nach dem Krieg etwa 100

Rostocker Bäcker

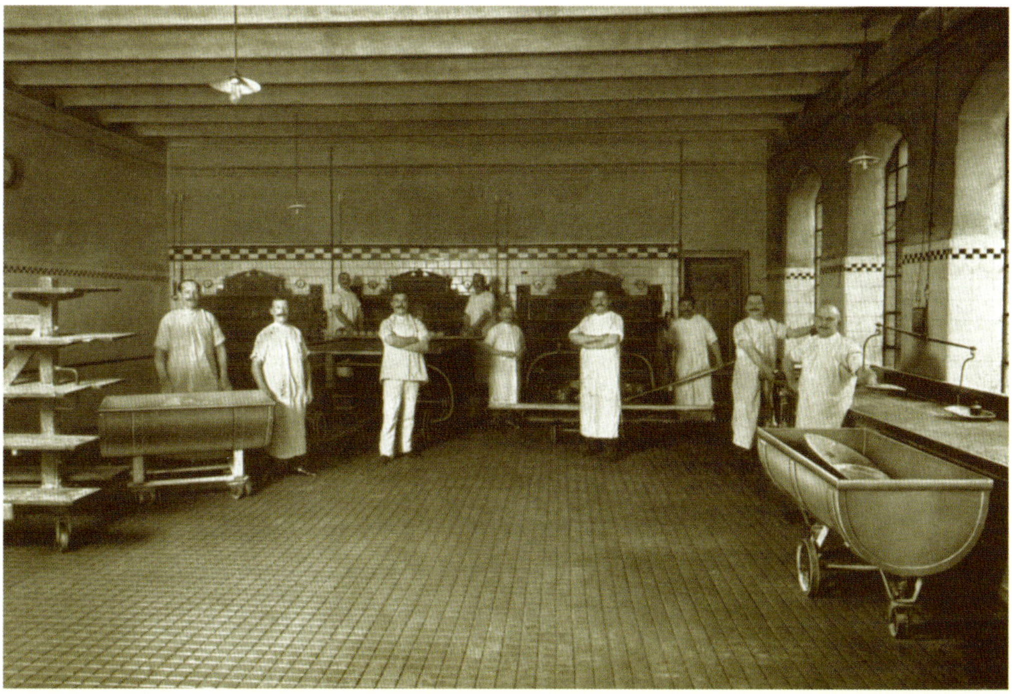

Konsum-Bäckereien ihre Arbeit aufnahmen. 1958 waren es bereits mehr als 1000 KONSUM-Bäckereien, die die Versorgung mit Brot, Brötchen und anderen Back- und Konditoreiwaren im Osten Deutschlands sicherstellten.

Der KONSUM hatte es sich zur Aufgabe gemacht, in jedem Jahr mindestens eine Großbäckerei zu errichten. Veraltete Bäckereien wurden durch größere und modernere mit den sogenannten Laufbandöfen ersetzt. Großbäckereien entstanden im Laufe der Jahre in allen Großstädten, aber auch in Saalfeld, Jena, Wismar, Grimmen, Gera, Gadebusch, Hildburghausen und Fürstenwalde.

1989 kam jedes dritte Brot in der DDR aus einem konsumeigenen Ofen. Die KONSUM-Backwarenkombinate versorgten Tausende von Märkten und Landverkaufsstellen und damit Millionen von Kunden mit frischen Broten, Brötchen und Kuchen.

Dr. Heinz Fahrenkrog, KONSUM-Präsident von 1967 bis 1991, erinnert sich: »Immer wieder gab es Ärger mit dem Brot. Der KONSUM als größter Brotproduzent und Verteiler von Backwaren in der DDR hatte viel abzuwehren, wenn die Brotversorgung nicht klapp-

Brotausfuhr mit dem Pferdewagen in Neuhaus, 1948

te. Aber warum klappte sie nicht? Das größte Problem war die Verfütterung in der privaten Viehhaltung. Weil das Brot durch Subventionierung in der DDR billiger als Futtergetreide war, und durch die ›individuellen Viehhalter‹ bedenkenlos für die Viehverfütterung genutzt wurde, kam es ständig zu Auseinandersetzungen, nicht nur in den Kreisen, nein, bis hin in die Zentrale des KONSUMs.«

Fahrenkrog machte Vorschläge, wie man diesem Problem durch höhere Preise für Brot zuleibe rücken könnte. Denn ein Grobbrot für 48 Pfennig, ein Feinbrot für 93 Pfennig oder ein Brötchen für 5 Pfennig hätten ohne weiteres ein paar Pfennige Zuschlag erfahren können, was die Werktätigen nur wenig belastet, den Staat aber von wesentlichen Subventionen befreit hätte.

Er fiel mit seinen Vorschlägen beim ZK, beim Ministerrat und dem Amt für Preise durch, denn an den Grundfesten des Sozialismus, niedrige Preise für Grundnahrungsmittel zu halten, durfte nicht gerüttelt werden. FDGB-Vorsitzender Harry Tisch empörte sich sogar, daß Fahrenkrog den Arbeitern das Brot wegnehmen wollte. Das Grundnahrungsmittel Brot war unantastbar.

KONSUM-Bäckerei in Eberswalde-Finow. »Stündlich können 700 Roggenbrote, 7500 Brötchen, 400 Weizenbrote und rund 1000 Stück Frühstücksgebäck gebacken werden.«

Einer, der viel weiß über das Brot, das im KONSUM gebacken und verkauft wurde, ist Karl-Heinz Kose, gelernter Bäcker und Konditor und ehemaliger Direktor der Konsum-Bäckerei Burg. Auch er schlägt in die gleiche Kerbe, erinnert sich an den Bau einer Brotfabrik, die täglich 15000 Brote herstellte. Nur 4000 wurden von der Bevölkerung gegessen, alle anderen wanderten in den Viehmagen.

»Das 3-Pfund-Brot durfte eben nur 51 Pfennig kosten, auch wenn das Mehl dafür wesentlich teurer war. Also mußte der Schweinehalter nicht erst den Umweg über Roggen und Weizen machen, zumal er das alles beim KONSUM viel billiger und als Brotlaib sogar vorgebacken bekam. Denn im Backprozeß wird Stärke in Malzzucker umgewandelt, der kommt also beim Brotfüttern sofort in den Viehmagen, wird dort in Traubenzucker umgewandelt, und den nimmt das Blut auf. Wenn sich dieser Prozeß nicht erst im Viehkörper abspielen muß, das Schwein also mit Brot gefüttert wird, nimmt es 200 oder 300 Gramm pro Tag mehr zu, als wenn es mit Getreide gefüttert würde. Wer wollte es den Bauern also verübeln, wenn sie diesen kostengünstigeren und futtertechnisch besseren Weg wählten? Und so kam es dann, daß zwei Drittel des gebackenen Brotes verfüttert wurden. Immer mehr Bäckereien mußten gebaut werden, während die Privatbäcker sich nur noch mit Konditoreiwaren beschäftigten und das Brot, das sie zu verkaufen hatten, vom KONSUM aufkauften.«

Und noch mehr kriminelle Geschichten hat er auf Lager: »Ein Mitarbeiter aus der Verwaltung erfüllte den Plan in seinen Meldungen stets haushoch, war immer allen anderen voraus. Er brachte es manchmal bis zu 700 % Normerfüllung. Wurde dafür dreimal Verdienter Aktivist. Ich kam dahinter, daß dieser Mann manipulierte. Das angelieferte Mehl kam auf seine Weisung gar nicht in die Backstube, wurde sofort zu einem Bauern gefahren. Der Bauer zahlte dafür an den Mitarbeiter pro Zentner 100 Mark. Brot und Mehl waren aber für den KONSUM gestützt. Ein Zentner Roggenmehl kostete den KONSUM im Einkauf nur 23 Mark. Den Überschuß konnte der Mann schon gleich in die Tasche stecken. Es fiel gar nicht auf. Die Verkaufsstelle X wurde dann mit der entsprechenden Menge Brot belastet, erhielt es jedoch nicht. Dafür gab dieser Mitarbeiter

Die Kollegen der Bäckerei des Konsumgen.-Verbandes, Kreis Güstrow e.G.m.b.H, verpflichten sich aus Anlass des III.Genossenschaftstages und der Kreisdelegierten-Konferenz

1.) Durch bestmöglichste Ausnutzung der Brennstoffe die gesetzlich vorgeschriebenen Norm von 25,- kg auf 1oo,- kg Mehl zu unterbieten und dadurch monatlich

v 5,- to Kohle

einzusparen.

2.) Durch stetige Produktionsberatungen den wöchentlichen Verbrauch an Hefe um

55,- kg

zu senken.

3.) Den Wareneinsatz, der im I. Quartal 1955 75,2% vom Leistungsumsatz betrug , um

-,6 % zu senken

und sie Bäckerei dadurch noch rentabler arbeitet und somit dem Staat mehr Mittel zur Verfügung stellen kann.

Leiter des Bäckerei

BGL

der Verkaufsstellenleiterin das Geld, welches auch ordnungsgemäß in die Abrechnung ging. Die zweite Manipulation. Ohne Produktions- und Handelsprozeß war der Plan erfüllt worden, Abrechnung und Statistik stimmten. Der Überschuß für den Mitarbeiter vergrößerte sich noch weiter, weil er ja die Kohle, die im Backprozeß verbraucht werden sollte und demzufolge auch geplant war, ebenfalls verschachern konnte, was er auch tat. Tausende Brote waren gebacken worden, obwohl kein Backofen warm geworden war.«

Trotz aller Probleme hat der KONSUM seine Aufgaben zum »Recht auf das tägliche Brot« täglich erfüllt.

Heute haben sich die Genossenschaften neue Geschäftsfelder erschlossen, manche verzichten ganz auf das Warengeschäft und damit auch auf den traditionellen Brothandel. Aber es gibt Ausnahmen.

»Sieg oder Tod – wir backen Brot« – diesen Spruch hatte der langjährige Direktor des Konsum-Backwarenkombinates Schwerin, Siegfried Woizeschke, auf den Lippen, als er 1990 seinen riesigen Betrieb marktwirtschaftlich auszurichten hatte. Nach vielen Experimenten, Entlassungen und der Aufgabe von Betriebsteilen gelang die Privatisierung. Das Brotbacken ging weiter. In der »Mecklenburger Landbäckereien GmbH« wird auch heute noch gemischt, geknetet und gebacken, was das Zeug hält, wird in Backshops zudem schwunghafter Handel betrieben, werden Supermärkte beliefert.

In guter Erinnerung ist geblieben, daß das KONSUMBROT vortrefflich schmeckte und von hervorragender Qualität war, wenn es frisch auf den Tisch kam. Aber das wissen ja alle, die es einmal gegessen haben.

GOTTFRIED HAUPT
KONSUM
Sämereien
FÜR GARTEN UND FELD

Der Dorfkonsum

Nach Erlaß des Befehls der Sowjetischen Militäradministration in Deutschland zur Wiederherstellung der Konsumgenossenschaften in der sowjetischen Besatzungszone erhielt in den darauffolgenden Jahren jedes Dorf, egal wie groß, seinen KONSUM-Laden. Zunächst waren die Läden untergebracht in alten Schlössern, Gutshäusern, Wohnungen, später dann baute man Kioske und zunehmend Verkaufsstellen in fester Bauweise, in größeren Gemeinden auch die sogenannten Ländlichen Einkaufszentren oder Landwarenhäuser. Der KONSUM im Dorf war Treff der Dorfbevölkerung, wo man das Nötigste zu kaufen und das Neueste zu hören bekam.

Oftmals wurde den Einwohnern der Dörfer vor den Wahlen eine neue Verkaufsstelle versprochen und der KONSUM danach verpflichtet, gemeinsam mit der LPG oder Gemeinde eine solche zu bauen und zu betreiben. Daß die meisten Läden unrentabel waren, zählte nicht.

»Der KONSUM ist stets hilfsbereit, er dient dem Fortschritt unserer Zeit« war so eine freundliche Beschreibung der Tätigkeit der Dorfkonsumgenossenschaften. Etwas weniger poetisch lautete das: »Der KONSUM hat die Aufgabe, den Bäuerinnen den Weg in die Stadt abzunehmen und die Waren auch ins abgelegenste Dorf zu bringen. Das betrifft die Grundnahrungsmittel für den täglichen Bedarf, aber auch Berufsbekleidung für Melker und Traktoristen und Wetterschutzbekleidung.«

Kalter Wind wehte den Mitarbeitern des KONSUMs entgegen, wenn nicht schnell genug neue Verkaufsstellen gebaut wurden, wenn die Verteilung der rationierten und stets zu wenigen Waren nicht oder nicht rechtzeitig klappte, die Preise nicht der Qualität der Erzeugnisse entsprachen, Schwund, Verlust und Verderb auftraten, die Inventuren nicht

»Kaufe im Konsum und zahle mit Eiern!«

stimmten, das Aussehen und die Sauberkeit der Verkaufsstellen zu wünschen übrig ließen. Auch wenn mit der Ware und dem Leergut nicht ordentlich umgegangen wurde, die Brötchen erst nachmittags geliefert wurden oder Gustav seine »Monte Casino« oder die Flasche »Harten« nicht bekam, Kaffee in der Spitztüte ausgegeben werden mußte oder die Milch im Winter gefroren auf der Rampe stand. Wenn zur Hausschlachtung die Gewürze fehlten oder Struppi auf der Rampe ans frischangelieferte Brot oder Gemüse gepinkelt hatte.

Netter ging es zu, wenn die Wahlen zu den Verkaufsstellenaus-

Warensortiment in einem Dorfkonsum

schüssen stattfanden. Dann stand das ganze Dorf hinter seinem KONSUM. Die meisten waren sowieso Konsummitglieder.

Im Jahre 1951 gab es ein Paradebeispiel: In der Gemeinde Miesterhorst im Kreis Gardelegen waren zunächst Schwierigkeiten mit der Eröffnung der neuen Verkaufsstelle aufgetreten. Dann aber, als man die Schwierigkeiten gemeistert hatte, waren plötzlich alle 274 Familien des Dorfes Mitglied im KONSUM.

Oder in Mecklenburg: Die Genossenschafter aus Liessow und Cambs traten im Jahre 1956 zu den Ausschuß-Wahlen in einen

Laden in einem ehemaligen Gutshaus

Wettbewerb. Als letzte steckte die Genossenschafterin Witt in der Gemeinde Liessow ihren Wahlzettel um 7.10 Uhr in die Urne. Die Liessower hatten mit 10 Minuten intensiver Wahlbewegung den Wettkampf gegen die Cambser gewonnen!

Wie immer die Partner des KONSUMs auf dem Lande auch hießen, es gab eine vortreffliche Zusammenarbeit: Ob mit MAS oder MTS, LPG oder KAP, VEG oder ZBO (zur Auffrischung, das sind die Maschinen-Ausleih-Stationen, die Maschinen-Traktoren-Stationen, die Landwirtschaftlichen Produktionsgenossenschaften, die Kooperativen Abteilungen Pflanzenproduktion, Volkseigenen Güter und Zwischenbetrieblichen Bau-Organisationen), mit Gemeinden oder Gemeindeverbänden und Zweckverbänden für Werterhaltung und Naherholung.

Sollte eine Verkaufsstelle neu gebaut, vergrößert oder rekonstruiert werden, zogen alle in der Gemeinde an einem Strang. Mit einer größeren Verkaufsstelle bekam man nämlich auch einen größeren Warenfonds, und das lag im Interesse aller Dorfbewohner.

»Bitte alle leeren Bierflaschen abgeben!«

In den KONSUM-Läden fand natürlich auch der tägliche Klatsch statt. Da hörte man das »Gras wachsen« und »die Flöhe husten«. Die Hausfrauen machten ihre hohe Dorfpolitik, und nicht selten war die Verkaufsstellenleiterin der eigentliche Bürgermeister im Ort. Vom KONSUM aus wurden im Dorf die Fäden gezogen. Der Zusammenhalt war eng. Ging eine Leiterin in Urlaub, sprang schon mal ein Mitglied des Verkaufsstellenausschusses ein. Wenn die wöchentliche Warenlieferung kam, standen zum Annehmen und Einsortieren der Ware auch die Ausschußmitglieder zur Verfügung. Die Hilfe im Laden war eine Selbstverständlichkeit. Hinterher gab es Kaffee und Kuchen. Für die »freundlichen Helfer« hatte das ja auch noch den Vorteil, daß sie wußten, was an Ware geliefert wurde und womit sie sich selbst versorgen konnten. Es war gang und gäbe, daß die »ehrenamtlichen Kräfte« auch an den Inventuren teilnahmen.

In den frühen Jahren fand man sich oft in der Verkaufsstelle zusammen, um aus dem angelieferten Flomen Schmalz auszulassen, Sülze aus den nicht bestellten, aber trotzdem gelieferten Schweineköpfen zu machen, Geflügel zu zerteilen, Heringe und Gurken einzulegen, Kohl einzukochen

S e l b s t v e r p f l i c h t u n g

Zu Ehren des III. Genossenschaftstages und aus Anlaß der Kreisdelegiertenkonferenz der SED verpflichte ich mich:

1ooo Eier aufzukaufen sowie
2 Mitglieder zu werben.

Ausserdem werde ich im Korrespondenzzirkel mitarbeiten und monatlich 2 Brie an westdeutsche Genossenschafter senden.

Meine Selbstverpflichtung soll dazu beitragen, dass der Frieden in der Welt erhalten bleibt.

Laage, den 11.3.1955

gez. Dahm
VST.-Ausschuß-Mitglied

1.9.54

Republik zur vorfristigen Planerfüllung im Eier-Aufkauf

Die großen Aufgaben, die der IV. Parteitag der SED insbesondere im Dokument über die „Grundsätze der Lebensfragen der Nation" stellt, erfordern auch von allen Mitarbeitern der Konsumgenossenschaften, als der zweitgrößten Massenorganisation der Werktätigen in unserer DDR, erhöhte Anstrengungen im Kampf um die Erfüllung der Pläne. Die Mitarbeiter der Dorf- und Kreiskonsumgenossenschaften, besonders jene Kollegen, die den Aufkauf landwirtschaftlicher Erzeugnisse durchführen, tragen mit ihrer Arbeit entscheidend dazu bei, die an sie gestellte Forderung, das Bündnis der Arbeiterklasse mit den werktätigen Bauern zu festigen und für eine bessere Warenbereitstellung Sorge zu tragen, in die Tat umzusetzen.

Nach eingehender Beratung mit allen Verkaufsstellenleitern und deren Mitarbeitern sowie den ehrenamtlichen Funktionären in den Aufkaufkommissionen, verpflichtet sich die Dorfkonsumgenossenschaft Waßmannsdorf, Kreis Königswusterhausen — Bezirk Potsdam — ihren Jahresaufkaufplan in Eiern bis zum 30. September 1954 hundertprozentig zu erfüllen und fordert alle Dorfkonsumgenossenschaften im VDK zu einem Wettbewerb mit dem gleichen Ziel auf.

oder Bouletten zu braten. Die Not machte erfinderisch. Alles mußte verwertet werden, nichts durfte umkommen – im KONSUM wurde improvisiert ... Und gefeiert – die Dorffeste, wenn Kultur, Blasmusik und Modenschauen aufs Land kamen, Bauernmessen und Kinderfeste stattfanden, auf denen außer Bockwurst, Bier und roter Limonade auch viele Industriewaren angeboten wurden.

Die Bereichsleiter des KONSUMs hatten in den 50er Jahren allerdings auch andere Probleme. Jeden Montag mußte erst einmal überprüft werden, ob auch alle Verkaufsstellen geöffnet waren oder sich schon wieder ein Leiter oder Verkäufer in den Westen abgesetzt hatte. Das kam allzu oft vor. Es war auch kein Trost, daß es den LPG mit ihren Melkern ähnlich ging und die Kühe mit prallen Eutern ungemolken in den Ställen standen. Es mußte in beiden Fällen schnell gehandelt werden, damit alles wieder in geordneten Bahnen verlief.

»Insgesamt 17 KONSUM-Verkaufsbusse, kleine Dorfläden auf Rädern, sind heute im Bezirk Neubrandenburg unterwegs.« (1989)

KONSUM
Klar, im KONSUM mußt du einkaufen!

Die Nahversorger

Auch heute noch gibt es Konsumgenossenschaften, die ländliche Verkaufsstellen betreiben; die größte ist in Sachsen Anhalt, in der Altmark, die PUG VARIO Kauf eG. Sie betreibt Läden in den ehemaligen Kreisen Klötze, Gardelegen, Stendal und Halberstadt.

Ihre Geschäftsidee war die Erhaltung der dörflichen Konsumläden, die Nahversorgung im ländlichen Raum. Ausgerechnet hier in der Altmark, wo die Besiedelung dünn ist und außerdem eine deutlich negative Bevölkerungsentwicklung stattfindet, haben die Salzwedeler ihre Erfolge. Während sich in ganz Europa Konzentrationsprozesse vollziehen, in immer größeren Geschäften der METRO, Edeka, REWE, Tengelmann, besonders aber bei den Discountern immer mehr Umsatz getätigt wird, geraten die kleinen Geschäfte ins Hintertreffen. Die Folge ist das Ladensterben, und die Lebensqualität in den kleinen Orten verschlechtert sich mit jedem geschlossenen Laden. Manche meinen, die Zeit der Nahversorger und Nachbarschaftsläden sei endgültig vorbei. Dabei steht außer Zweifel, daß der KONSUM-Laden im Dorf neben dem Wirtshaus und der Kirche zum Herzstück jeder dörflichen Gemeinschaft gehört.

Wie können sie den Großen auf der Grünen Wiese Paroli bieten?

Bei der Konsumgenossenschaft PUG Vario-Kauf Salzwedel finden sich wegweisende Beispiele. Überall werden neben der Lebensmittel-Grundversorgung auch Haushalt- und Schreibwaren, Kleintextilien, Spielsachen, Zeitungen angeboten. Auch Dienstleistungen wie Annahmedienste für Reinigung und Reparatur von Wäsche und Schuhen, Fotokopier- und Faxdienste, Verkauf von Fahrkarten des Nahverkehrs und Foto-Arbeiten findet man in den Läden. Daneben werden Depots der Deutschen Post betrieben, Stände für Toto und Lotto gepflegt, Informationsdienste für die Gemeinde übernommen. Selbst wenn bei einzelnen Dienstleistungen keine besonderen Renditen zu erzielen sind, bleiben sie zur Kundengewinnung im Angebot.

Manchmal sind in den Gebäuden des KONSUMs auch Untermieter wie Ärzte, Zahnärzte, Versicherungsvertreter oder Quelle-Agenturen. Neuerdings wird über eine Bistro-Versorgung nachgedacht.

Der KONSUM-Laden ist in der Altmark wieder zum Treff der Bevölkerung geworden. Hier begegnen sich die Menschen, hier fließen Informationen zusammen, hier ist Leben im Dorf.

»Muß unser Konsum nun sterben?«

... fragte der Bürgermeister der Gemeinde Großrudestedt 1990 den Manager des Konsums in Erfurt in seiner Angst um die Versorgung der 1800 Seelen. Eine Antwort bekam er von dort nicht.

Das alte Lehmhaus vis-à-vis der Dorfkirche, in dem schon vor dem 1. Weltkrieg ein Stubenladen existierte und in dem der DDR-KONSUM lange Jahre mit Brot, Milch und Fleisch gehandelt hatte, war marode und einsturzgefährdet.

Die neuen Einkaufszentren entstanden auf der grünen Wiese um die größeren Städte herum. Der unrentable Lebensmittel-Handel, so schien es, mußte auch hier aufgegeben werden.

Der KONSUM, so teilte es der Manager auch der Abordnung der Gemeinde mit, als sie in Erfurt aufkreuzte und um Hilfe bat, hatte kein Geld, mußte erst einmal mit der neugegründeten TOP-Markt-GmbH seine wichtigsten Märkte modernisieren.

Aber die Gemeinde ließ nicht locker, und nach vielen Gesprächen mit den Gemeindemitgliedern und nachdem der Manager mehrfach die Gemeinde besucht hatte, entschloß er sich: »Dann mach ich's eben selber.«

Nun ging alles sehr schnell. Der Beschluß wurde im Gemeinderat sofort einstimmig gefaßt. Der KONSUM zog vorübergehend in den Gaststättensaal. Die Versorgung der Bürger durfte nicht aufhören. Der Manager kaufte das Haus von der Gemeinde, allerdings ohne das Grundstück, das ja noch »dem Volke« gehörte. Er ließ schnellstens ein Projekt erarbeiten, das Altbaunutzung und teilweise einen Neubau beinhaltete, und reichte es beim Landkreis ein. Der tat sich schwer, die zuständigen Leute waren auf Lehrgang oder kannten die Bestimmungen noch nicht so richtig. Es war ja noch die Zeit des Übergangs.

Die Gemeinde griff zur Selbsthilfe und erteilte die Abrißgenehmigung, nachdem klar war, daß am alten Lehmbau nichts mehr zu retten war. Also wurde auch das Projekt noch einmal geändert. Aber die Kreisverwaltung rührte sich immer noch nicht.

Trotzdem ging der Bau los, mußte losgehen und flott zu Ende gebracht werden. Es waren schließlich nur noch acht Wochen bis Weihnachten, und die Gemeinde brauchte den Laden. Unser Manager arbeitete am Tage an der Sanierung des KONSUMs, und nachts kümmerte er sich um sein Bauprojekt.

14 Tage vor Weihnachten war nach umfangreicher Arbeit, auch unter Mithilfe der Einwohner, das Gebäude fertiggestellt. Großer Bahnhof bei der Eröffnung, glückliche Großrudestedter, die Presse war des Lobes voll.

Das las dann auch die kreisliche Baubehörde und trat nach diesem »Frevel« sofort in Aktion. Erteilte aber nicht die Baugenehmigung, sondern einen Bußgeldbescheid in Höhe von 12000 DM. Darin stand, daß das Gebäude illegal abgerissen, ein neues ohne Baugenehmigung errichtet und dieses ohne Abnahme in Betrieb genommen wurde.

Das kann ja wohl nicht wahr sein, sagten die zufriedenen Großrudestedter.

Manager und Bürgermeister machten gemeinsam Strategie und gingen gegen den Kreis vor. Der Kreis sprach von Schwarzbau. Die Gemeinde, die inzwischen im Grundbuch stand, hatte zur Selbsthilfe gegriffen und sich selbst die Abrißgenehmigung erteilt, der Manager pochte immer wieder darauf, daß die Bearbeitungsfrist vom Kreis nicht eingehalten worden war.

Am Schluß einer heftigen Debatte beim Baudezernenten kam heraus, daß der Bauherr nun als Strafe nicht mehr 12000 DM Bußgeld, sondern nur noch eine Rechnung der Gemeinde über Ziegelsteine für ihren Kindergarten in Höhe von 1000 DM zu bezahlen hatte. Diesen Betrag zahlte unser Manager gerne.

Aber die Geschichte setzte sich beim Finanzamt fort, denn der Manager wollte seine 14 % Mehrwertsteuer erstattet haben. Er listete seine Forderungen auf und ging hin. Dort die üblichen Fragen vom Sachbearbeiter: »Sie haben also gebaut! Haben Sie Grundbuchauszug, Baugenehmigung, Abnahme, haben Sie den Bau schon in Betrieb genommen? Wie wollen Sie denn beweisen, daß Sie gebaut haben?« fragte der Beamte und legte noch einmal nach: »Ohne Urkunden, die Baugenehmigung, Grundbuchauszug, Abnahme und Inbetriebnahmebescheinigung geht bei uns nichts, Sie müssen doch irgendeine Urkunde haben.«

Bei dem Wort »Urkunde« kam dem Manager die Erleuchtung. Die einzige Urkunde, die ihn in den vergangenen Tagen erreicht hatte und einen amtlichen Stempel trug, war der Bußgeldbescheid.

Also ging er zum Angriff über: »Hier, bitteschön, haben Sie alles, was das Finanzamt braucht. Hier in dieser Urkunde steht genau drin, daß ich mein Eigentum abgerissen habe, daß ich ein Gebäude errichtet habe. Und es steht drin, daß ich es auch schon in Betrieb genommen habe. Der amtliche Stempel ist ebenfalls deutlich mit drauf. Nur das Wörtchen »illegal« müssen Sie vergessen.«

Er sagte es und war auf Gegenrede gefaßt, aber die kam nicht. Im Gegenteil, der Bußgeldbescheid wurde als Beweisdokument anerkannt. Der tüchtige Finanzbeamte machte am folgenden Tag noch eine Dienstreise, um sich persönlich vom Bau zu überzeugen, und die Bewilligung der Vorsteuer ging in Ordnung. Ende gut, alles gut.

Den Kredit von einer namhaften Bank bekam unser Manager auf Grund eines zehnjährigen Mietvertrages mit der TOP-Markt Thüringen GmbH, die den Laden mit örtlichen Kräften betrieb.

So können die Großrudestedter Bürger in ihrem Dorfkonsum einkaufen, auch wenn der heute nicht mehr so heißt.

»Ambulante Landversorgung«, in den 50er Jahren

Konsumgenossenschaftsverband
Kreis Güstrow e.G.m.b.H.
Abteilung Transport

V e r p f l i c h t u n g .

Zu Ehren des III. Genossenschaftstages und aus Anlaß der Delegierten-Konferenz der SED verpflichten sich nachstehend aufgeführte Kollegen der Transportabteilung des Konsumgenossenschaftsverbandes Kreis Güstrow der

" 100.000 km Bewegung ohne selbstverschuldeten Unfall"

beizutreten.

Kollege	Willi	Peters	Kollege	Otto	Grabosch
"	Wolfgang	Becker	"	Hermann	Haumann
"	Walter	Sieg	"	Erich	Wunsch
"	Günther	Kühn	"	Adolf	Steege
"	Max	Kupferschmied	"	Joseph	Stempien
"	Alex	Warning	"	Walter	Graf
"	Heinrich	Giertz	"	August	Schmidt
"	Leon	Stempien	"	Paul	Zeick
"	Johannes	Assmann	"	Bruno	Haupt
"	Richard	Schubert	"	Wilhelm	Zimmermann
"	Kurt	Krüger	"	Hans	Stetzkowski
"	Fritz	Flügge	"	Hans	Wiechmann

Konsumgenossenschaftsverband
Kreis Güstrow e.G.m.b.H.
Abt.Transport
gez. Odebrecht
Transportleiter

Gemüse
vom Dorf direkt zur Stadt
KONSUM
stets frisch!

Aufkauf Obst und Gemüse

Der KONSUM war, gemeinsam mit der HO und den Bäuerlichen Handelsgenossenschaften, auch für den Aufkauf von Obst und Gemüse von den Kleingärtnern verantwortlich. Damit sollte die Versorgungslage der Bevölkerung mit frischem Obst und Gemüse verbessert werden. Das an und für sich hilfreiche Aufkaufgeschehen verfehlte aber auch manchmal sein Ziel. Die Preise wurden leider oft nicht nach der Marktlage festgelegt, sondern von zentralen Dienststellen vorgeschrieben. Da gab es das Ministerium für Handel und Versorgung in Berlin, das Staatliche Amt für Preise, und in den Räten der Bezirke und Kreise die entsprechenden Abteilungen, die die Preise diktierten und sie auch kontrollierten. Dazwischen standen die Großhandelsbetriebe für Obst, Gemüse und Speisekartoffeln, denen oft der Aufkauf gar nicht paßte, weil sie auch die überschüssigen Mengen abzunehmen und neu zu verteilen hatten.

Der sogenannte »Preisdienst« war unbedingt einzuhalten; die Gewinnspanne gering. Absurd aber wurde es, wenn die Preise im Aufkauf höher als im Verkauf lagen.

In einer Verkaufsstelle in Güstrow trug sich folgendes zu: Ein Kleingärtner kam mit 10 kg Pflaumen in einem Marmeladeneimer und verkaufte seine Pflaumen für den festgelegten Preis von 1,50 Mark je Kilo an den KONSUM. Daß es in diesem Jahr eine Pflaumenschwemme gab, hatte keinen Einfluß auf die Festlegung der Aufkaufpreise. Die Pflaumen wurden sofort in den Verkauf gebracht, im gleichen Pappeimer auf das Verkaufsregal gestellt, der Kleingärtner machte ein paar Schritte um die Verkaufsstelle herum und kaufte sie dort zu einem Preis von 30 Pfennig je Kilo, also für 3 Mark. Er hatte seine Pflaumen zurück und in wenigen

Minuten 12 Mark verdient. Niemand konnte ihn daran hindern, er bewegte sich ordentlich auf dem Boden der Legalität, sprich: auf der Grundlage der sozialistischen Preispolitik!

Dieser Vorgang hätte sich auch mehrfach wiederholen können, in diesem konkreten Fall scheiterte der Mann an der Aufmerksamkeit der Auf- und Verkäufer des KONSUMs.

In Burg kam ein Kleingärtner in Folge dieser merkwürdigen Aufkaufpreise und weil sich die Preis-Ämter des Ministeriums für Landwirtschaft und des Ministeriums für Handel und Versorgung wohl nicht ordentlich abgestimmt hatten, zu einem Trabant, ohne viel Aufwand, aber auch ohne irgendwie manipuliert oder gar betrogen zu haben.

Er hatte in der Zeitung gelesen, daß der KONSUM für ein Kilo Knoblauch 140,00 Mark im Aufkauf zahlte. Das war ein stolzer Preis. Und das brachte den schlauen Kleingärtner auf eine Idee.

Kurzerhand ging er zur Bäuerlichen Handelsgenossenschaft, weil er wußte, daß dort gerade 100 kg Knoblauch verfügbar waren. Er kaufte die Knollen zu dem dort gültigen Preis auf, der nur einen Bruchteil des Aufkaufpreises für Kleingärtner ausmachte, fuhr sie mit sei-

nem Handwagen zur nächsten Aufkaufstelle der Konsumgenossenschaft Burg und verkaufte sie weiter an den KONSUM. 14000 Mark nahm er so ein, abzüglich der Pfennigbeträge für den Ankauf bei der BHG.

Das machte nun einerseits den Mann reich, ärgerte aber andererseits den KONSUM. Jedoch es nützte nichts. Der Mann hatte korrekt gehandelt, denn wo er die Ware her hatte, war nicht wichtig. Sie war ihm zu vergüten.

Auch nach mehreren Rückfragen bei der Arbeiter- und Bauerninspektion, beim Rat des Bezirkes, des Kreises und beim Bezirksverband des KONSUMs war zu entscheiden, daß der Mann sein Geld erhielt.

Den nächsten Deal solcher Art hätte er nicht mehr mit dem Handwagen, sondern mit einem Trabant machen können. So viel

Aufkauf von Obst und Gemüse hinter der Verkaufsstelle

hatte der Mann durch DDR-deutsche Bürokratie praktisch geschenkt bekommen.

Die Versorgung mit frischem Obst und Gemüse war im DDR-Handel infolge permanenten Mangels an Ware ein nicht zu lösendes Problem. Erstes Frühgemüse wie Salat, Gurken und Tomaten, Salat, Zwiebeln, Blumenkohl und Kohlrabi gab es dermaßen wenig, daß es immer wieder zu Verteilungsproblemen und Schwierigkeiten kam. Die Kunden hielten mit ihrer Meinung nicht hinterm Berg. In den Läden wurde es oftmals laut, es hagelte darüber hinaus immer wieder Eingaben an die Staatsorgane und an die Partei. Da half es auch nichts, daß die Werbung als gesund immer das pries, was im Überfluß gewachsen war. Und das war meistens der gewöhnliche Kohl.

Der Volksmund reagierte auf seine Weise: Es werden jetzt überall neue Verkaufsstellen für Obst und Gemüse gebaut, und zwar mit jeweils zwei Eingängen: einen für Weißkohl und einen für Rotkohl.

Schwerpunktversorgung Landesverteidigung

So lief es oft: Den Konsumgenossenschaften wurden Aufträge zugewiesen, die mit ihrer eigentlichen Handelstätigkeit nur wenig zu tun hatten. Das fing mit den »Fliegenden Verkaufsstellen« der Nachkriegszeit an, umfaßte die Ferienlagerversorgung der Schüler und Studenten, die Ernteversorgung auf den Feldern, die Versorgung mit Trinkmilch an den Schulen, die »Grenzversorgung«. Dazu die vielen unterschiedlichen Formen der Arbeiterversorgung auf Baustellen oder in größeren Industriebetrieben. Das geschah in Kiosken, Verkaufsstellen und Kantinen oder direkt am Arbeitsplatz als Schichtversorgung bis hin zur Betreibung riesiger Beköstigungseinrichtungen und Bauarbeiterhotels. Nicht zu vergessen die Schüler- und Kinderspeisung.

Die Konsumgenossenschaft Güstrow bekam vom Rat des Kreises den Auftrag »Schwerpunktversorgung Landesverteidigung«. Sie sollte den Flugplatzneubau Kronskamp betreuen, also die hungrigen und durstigen Bauarbeiter in den Arbeitspausen und nach der schweren Arbeit versorgen.

Es entstand hier ein riesiger Militärflughafen, später auch Zivilflughafen, gelegen zwischen Rostock und Güstrow. Daß sich der Bau und demzufolge auch die Versorgung über zehn Jahre hinstrecken würden, wußte man am Anfang nicht. Immerhin waren bis zu 1000 Bauarbeiter täglich zu beköstigen. Auch samstags und sonntags. Morgens, mittags und abends. Ein deftiges Frühstück, ein ordentliches Mittagessen mit hohem Rohstoffeinsatz (200 Gramm Fleisch) und ein kräftiges Abendbrot. Dazu die sogenannte Trassenversorgung zwischen den Start- und Landebahnen mit Brötchen, Getränken und Zigaretten, Süßwaren und Keksen. Ein ambulantes Fahrzeug mit Ware und Verkäuferin fuhr dorthin, wo die Bauarbeiter gerade tätig waren. Außerdem gab es Stützpunkte, damit die Arbeiter nicht kilometerweit laufen mußten. Auch eine KONSUM-Gaststätte wurde in einem benachbarten Ortsteil eingerichtet – zum gemütlichen Ausklang des Arbeitstages bei Lübzer Pils und einem Nordhäuser Korn. An alles war gedacht. Zu guter Letzt auch noch an eine zusätzliche Verkaufsstelle, wo man das Nötigste kaufen konnte, wie das Abendbier und den Goldbrand für die Bude, Zigaretten, Seife und Zahnpasta.

Alles sollte akkurat organisiert sein; an anderem Standort war es

Ernteversorgung durch die Konsumgenossenschaft Eberswalde im Bezirk Frankfurt (Oder)

schon zu Streiks der Bauarbeiter wegen mangelnder Versorgung und ungenügender Heizung der Unterkünfte gekommen, und das durfte in der DDR nicht sein.

Am Anfang klappte es nicht gleich so wie gedacht, die Kräfte vor Ort schafften es nicht. Ein Koordinator mußte her. Den fand man in Frank Lübstorf, einem gebürtigen Rostocker, gelernter Koch und Filialbereichsdirektor der Konsumgenossenschaft. Der tauschte seine Dienst-AWO gegen einen Trabant, um nicht Tag und Nacht Wind und Wetter ausgesetzt zu sein. Er kümmerte sich um die Schichtbesetzungen, die Warenfonds, die Sonderwünsche der Baubetriebe.

Stimmte alles mit dem Generalauftragnehmer ab, stritt, leitete, koordinierte, organisierte Reparaturen, fuhr mit seinem Trabant, wenn erforderlich, fehlende Arbeitskräfte oder die geschälten Kartoffeln heran.

Bei »Staatsplanterminen« zwischendurch, zur Fertigstellung der Rollbahnen, wenn stoßweise 1200 Portionen täglich zu kochen und zu servieren waren, ging er selbst mit an die Kippbratpfanne oder den überdimensionalen Kochtopf – seine Kochmütze hatte er immer dabei. Und alles lief wie am Schnürchen.

Aber der Teufel steckte im Detail:

Was heute kaum mehr nachvollzogen werden kann: Alle Köche, Kellner, Verkäuferinnen und Hilfskräfte mußten nach Kronskamp zur Arbeit gefahren werden. Mit dem Fahrrad oder mit öffentlichen Verkehrsmitteln war der Einsatzort Kronskamp nicht zu erreichen. Den Transport der Leute übernahm zweckmäßigerweise der Fuhrpark des KONSUMs. Von früh bis abends war mindestens ein Kleinbus im Einsatz, der 20–30 Arbeitskräfte zu den Schichten fuhr. Wenn mal ein Fahrer verschlief, mußte Lübstorf persönlich los und mit seinem »Trabi« die fehlenden Kräfte heranholen.

»Die Waren einzukaufen«, sagt Frank Lübstorf, »war nicht so schwierig. Mit dem Zauberwort ›Landesverteidigung‹ bekam ich von den ›Zuteilern‹ alles, was nötig war. So gab es für die Mitarbeiter auch schon mal Bückware wie Südfrüchte, Frühgemüse, ungarisches Letscho im Glas oder Filterzigaretten.«

Und er erinnert sich noch an die paradoxe Situation, daß die Konsumgenossenschaft Güstrow zwar fast zehn Jahre lang eine schwierige Aufgabe erfüllte, aber keinen Nutzen davon hatte: »Es durfte damals laut Ministerium für Handel und Versorgung nur plus/minus Null abgerechnet werden. Es war kostendeckend zu arbeiten. Ein Gewinn durfte dem Auftraggeber nicht in Rechnung gestellt werden. Selbst als ›Spatensoldaten‹, die in der Küche aushalfen, sich und ihre Kameraden kostenfrei bedienten und damit eine Inventurminusdifferenz von mehr als 20000 Mark erzeugten, gab es langanhaltenden Streit darüber, wer diese Kosten zu tragen habe. Schließlich zahlte der Auftraggeber des Flugplatzbaues.«

Heute ist der Airport Kronskamp, bekannt unter »Flughafen Rostock-Laage«, der Zivilflughafen für Mecklenburg-Vorpommern und außerdem ein Luftwaffenstützpunkt der Bundeswehr. Aber manche Geschichte über das, was sich in den 80er Jahren dort einmal unter KONSUM-Regie abspielte, kursiert noch.

LEBENSMITTEL
für höchste Ansprüche
in reicher Auswahl
KONSUM

Die Versorgungskommission

Die Leiter der Groß- und Einzelhandelsbetriebe und der Nahrungsmittelbetriebe hatten sich einmal wöchentlich beim Rat des Kreises zu versammeln, um die jeweilig aktuelle Versorgungslage einzuschätzen. Die Zusammenkünfte leitete der für Handel und Versorgung zuständige Mitarbeiter.

Über diese Zusammenkünfte der sogenannten Versorgungskommission wurde Protokoll geführt. Die Palette der Probleme reicht von Öffnungszeiten über Preise, Werbung, Saisonversorgung, Lieferrhythmus, Gerüche in den Läden und sich stapelndes Leergut bis hin zum Einstellungsverbot von Arbeitern aus Baubetrieben. Eigentlich aber steht im Mittelpunkt, wie man mit wenig Ware möglichst viele Leute befriedigen kann.

14.9.1985
Es ist darauf hinzuwirken, daß das gelieferte Brot nur für die menschliche Ernährung verkauft wird.

27.3.1986
Der Rat des Bezirkes erteilt Zwangszuweisung an alle Verkaufsstellen für die neuen Zigarettensorten Nora, Kenton und Semper.

24.6.1986
Die Kronkorkverschlüsse für Getränkeflaschen sind nicht gasdicht. Mineralwasser hält sich nur 3 Tage. Reklamationen sind anzuerkennen.

1. 7. 1986
Zusage der Molkerei: Wer 2 mal wöchentlich Quark bestellt, bekommt auch 2 mal eine Lieferung.

8.7.1986
Die Beräumung der Läden vom Leergut klappt nicht.

15.7.1986
Wegen Mangel an Flaschenware bei alkfreien Getränken bieten die Gaststätten mehr Faßware an.

5.8.1986
Es ist durch die Konsum-Bäckerei auch montags frisches Brot zu liefern. Versorgungsschwierigkeiten bei Zwiebeln, Einlegegurken, Essig und Gewürzen sind aufgetreten.

2.9.1986
Auf Grund einer Havarie in der Bäkkerei ist die Brotversorgung zusammengebrochen. Es muß aus anderen Bäckereien zugeführt werden.

9.9.1986
Der Einzelhandel hat beim Fleischkombinat nicht nur Edelfleischteile zu bestellen, er hat auch Innereien, Spitz-, Knie- und Eisbeine sowie Bauchfleisch abzunehmen.
Mündliche Eingabe eines Bürgers aus der Gemeinde H.: Am 5.9.86 um 7.00 Uhr standen auf der Rampe der Dorfverkaufsstelle Brot und Kuchen sowie Brötchen unabgedeckt in Kisten. Hunde und Katzen haben freien Zugang zur Ware und beschäftigen sich auf unterschiedliche Weise mit den Backwaren.
Es sind jetzt reichlich Kohlen am Lager. Die Läden sollen sich für mindestens 30 Tage bevorraten.

21.10.1986
Der Handelstransport berichtet, daß für Reparaturen an LKW keine Zylinderkopfdichtungen zur Verfügung stehen. 4 LKW stehen still. Operative Reserven gibt es nicht. Die Belieferung kann nicht gesichert werden.

28.10.1986
Für den Kreis sind 18 t Bananen eingetroffen. Sie müssen noch reifen, werden danach ausgeliefert.

11.11.1986
Schlechtes Angebot an Süßwaren, Situation wird voraussichlich nicht besser bis Weihnachten.

18.11.1986
Es ist ein Vorschlag zu machen für eine Auszeichnung mit der »Verdienstmedaille der DDR«. Es hat eine Frau zu sein, sie muß aus dem produktiven Personal kommen.

23.12.1986
Die Tafelbutter ist zeitweilig ausgegangen. Die Bemühungen um den Absatz von Schweineköpfen sind zu verstärken.
Die Energieversorgung ist prekär. Das Schaufensterlicht ist sinnvoll zu reduzieren. Kleine und mittlere Läden haben die Versorgung bei Tageslicht durchzuführen. Haushaltskerzen sind nicht mehr verfügbar. Aber Pyramidenkerzen reichlich!
Angetrunkenen Personen ist kein Alkohol auszuschenken.

17.3.1987
Das Angebot an Oster-Hohlkörpern ist äußerst dürftig.
Die Versorgung mit frischem Salat und Treibhausgurken beginnt.

30.6.1987
Der Bedarf der Bevölkerung an Tütensuppen kann nur zu 25 % gedeckt werden.

18.8.1987
Unzureichende Getränkeversorgung. Die Bürgermeister sind anzurufen, um die Anzahl der Kinder in der jeweiligen Gemeinde zu ermitteln. Danach ist die Aufteilung der Weihnachts-Hohlkörper, der Nüsse und der Südfrüchte vorzunehmen.

10.11.1987
Alle Verkaufsstellen sind mit Sekt beliefert worden. Es ist sparsam damit umzugehen, damit auch noch Silvester versorgt werden kann. Pottasche, Mohn und Lebkuchen sind ausverkauft. Der Konsum Güstrow bekommt einmalig eine Zuteilung von 638 Kartons Mohrenküsse aus Grabow.

23.2.1988
Der Bedarf an Pralinen zum Internationalen Frauentag wird nur zu 20 % gedeckt werden können.
Als Gebrauchtwaren dürfen keine Tonträger, Literatur oder lebende Tiere gehandelt werden. Der Preis der Gebrauchtwaren darf 90 % des Neuwertes nicht übersteigen.

12.7.1988
Die Eisversorgung ist unterbrochen, weil keine Waffeln geliefert wurden. Man soll sich mit Plastebechern behelfen.

26.7.1988
Polnische Bürger haben zu Beginn der Einkochsaison Gewürze abgekauft. Nachlieferungen an Senfkörnern und Einlegegewürzen sind nicht mehr möglich.

22.9.1988
Jetzt noch mit Zwiebeln versorgen, bevor sie in andere Kreise und Bezirke abverfügt werden.
Die ambulante Fischversorgung wird ab sofort eingestellt. Den Fischhandel haben die Konsumverkaufsstellen zu übernehmen.
Chinakohl und Chinasalat sind, weil reichlich vorhanden, verstärkt anzubieten.
Der Großhandel schätzt ein, daß die Sortimentslücken größer werden.

10.11.1988
Der Anteil an frischem Brot wird als zu gering kritisiert. Die Bäckerei übernimmt keine Garantie für frisches Brot. Die Kritik der Bevölkerung an der Versorgung nimmt zu.
Die Konsumgenossenschaft hat wöchentlich 1 t Wassergeflügel zu verkaufen. Orangen und Nüsse sind einheitlich ab 5.12.88 zu verkaufen. Es dürfen maximal 3 kg Orangen pro Käufer abgegeben werden.
Der Einlauf der Schiffe mit Untertrikotagen verzögert sich noch.
Es gibt keine Stollen und Lebkuchen mehr.

Versandhandel ade!

1959 beauftragte der Ministerrat der DDR den KONSUM mit der Versandhandelstätigkeit. Nachdem 1956 das Centrum-Versandhaus Leipzig mit dieser Art des Handels begonnen hatte und der Ruf nach mehr Handel der »modernen Art« immer lauter wurde, entschloß man sich zu dieser Maßnahme, um auch der Dorfbevölkerung mehr Möglichkeiten für die Erfüllung ihrer Wünsche und ihres ländlichen Bedarfs zu bieten. Die Sortimentsabstimmung zwischen den beiden Versandhäusern sah dann so aus, daß die HO sich auf den Bedarf der Städter vor allem mit chicer, modischer Bekleidung und den entsprechenden Accessoires sowie hochwertigen Haushaltsgeräten konzentrierte und der KONSUM die ländlichen Bedürfnisse wie vor allem Garten-, Haus-, Hof-, Stall-, Feldgeräte und Arbeitsbekleidung zu stillen hatte. Dieser Gegensatz verwischte sich schnell, und so sahen die Kataloge dann bald ähnlich aus. KONSUM und HO machten sich zwar unablässig die Sortimente streitig, der eine im Namen der Bauern, der andere im Namen der Arbeiter, aber der Kundenkreis war in beiden Fällen gemischt.

Von 1961 bis 1975 gab es den KONSUM-Versandhandel bzw. das »konsument«-Versandhaus Karl-Marx-Stadt. Von 52000 qm Handelsfläche in den Lagerhäusern der Karl-Marx-Städter Kauffahrtei versorgte der KONSUM seine Kunden in 6145 Gemeinden aller Bezirke der DDR. Rückvergütung zahlte er für diese Artikel nicht, aber das war den meisten Kunden auch egal, wenn sie das bekamen, was sie bestellt hatten. Das allerdings war leider nur in etwa 50 % der Bestellungen der Fall, die restlichen 50 % blieben Wunschträume. Im Jahre 1973 waren es gar nur 44 %. Die Begriffe »Liefertreue« oder »Liefersicherheit« vermied man deswegen auch.

Ungeachtet dessen war der Zuspruch riesig. Manchmal hatten die Mitarbeiter des »konsument«-Versandhauses täglich bis zu 10 000 Bestellungen zu bearbeiten. Die Kundenkartei enthielt 1,5 Millionen Anschriften. Für schwierige Fälle, wenn Beschwerden kamen, daß bestimmte Regionen oder Orte nicht mit Katalogen bedacht wurden, gab es die »Katalogreserve«, die dann eingesetzt wurde. Oft lagen die Kataloge auch in den Bürgermeisterämtern oder in den Landverkaufsstellen des KONSUMs aus. Aber die Versandhaus-Tätigkeit war auch unablässig von Eingaben und Beschwerden der Kunden begleitet, vor allem weil die Bestellungen oft nicht realisiert

werden konnten. Die Lieferzeiten variierten zwischen vier Tagen und sieben Wochen.

Nachdem bereits 1974 die Tätigkeit des Centrum-Versandhauses Leipzig eingestellt worden war, kam infolge der Warenflaute zum August 1975 auch das Aus für den KONSUM-Versandhandel. Offizielle Mitteilungen gab es nicht, ZK und Ministerrat blieben still. Weder in der Presse noch in Funk und Fernsehen wurden Erklärungen abgegeben. Die Versandhauskunden merkten es erst, als die Kataloge nicht zum gewohnten Zeitpunkt ankamem. Lakonisch hieß es damals in Beantwortung der vielen Eingaben, der Versandhandel hätte seine Aufgaben erfüllt und zur besseren Versorgung der Landbevölkerung beigetragen. Da es aber gelungen sei, in Stadt und Land das Netz der Verkaufsstellen dichter zu machen und damit die Versorgung der Bevölkerung zu stabilisieren, sei er nicht mehr erforderlich.

Das sah die Bevölkerung anders, nachdem spruchreif geworden war, daß für den »konsument«-Versandhandel das Stündchen geschlagen hatte. Aus Hunderten Eingaben, die in jedem Monat den

Versandhandel erreichten, wurden nun Tausende. Von höflichen Anfragen bis zu schlimmsten Schimpfkanonaden reichte die Palette der Zuschriften.

Die Liefertätigkeit ließ nach, die Bearbeitung der Eingaben nahm zu. Auch der KONSUM hatte im Sinne des Eingabengesetzes zu arbeiten, das gerade am 19. Juni 1975 beschlossen worden war. Eilig wurden Arbeitsgruppen ins Leben gerufen, die nichts anderes zu tun hatten, als den Kunden die Schließung des Versandhauses zu begründen und außerdem höflich und freundlich auf die Verkaufsstellen des KONSUMs in ihren Heimatgemeinden zu verweisen. Es hagelte Berichterstattungen, Rapporte, Schreiben, Stellungnahmen, Aussprachen und Protokolle. Ein Verwaltungsaufwand, der nicht nur den »konsument«-Versandhandel betraf, sondern auch die Bezirksverbände, der VdK, das Ministerium für Handel und Versorgung, die Räte der Bezirke, der Kreise und die Bürgermeister der Städte und Gemeinden und die Konsumgenossenschaften selbst. So hieß es zum Beispiel in der Betriebsanweisung Nr. 41/75 des Direktors des »konsument«-Versandhauses:

»Die eingehenden Eingaben sind auf erkennbare Anzeichen einer organisierten Feindarbeit zu prüfen. Wenn Eingaben vorliegen, die einen Protest gegen den Ministerratsbeschluß erkennen lassen, dann ist die Beantwortung durch die örtlichen Staatsorgane erforderlich. Solche Eingaben sind an die Stellvertreter der Vorsitzenden der Bezirke, Handel und Versorgung weiterzuleiten.« In dem dazu verfaßten Formbrief hieß es dann: »Der Inhalt der Eingabe läßt erkennen, daß der Bürger mit dem Ministerratsbeschluß über die Einstellung der Versandhandelstätigkeit nicht einverstanden ist. Die Beantwortung dieser Eingabe durch das örtliche Staatsorgan ist erforderlich.«

Auf jede Bestellung durch Versandhauskunden, Anfragen oder Beschwerden gab es erst einmal ein vorgedrucktes Schreiben, in dem der Satz stand: »Wir geben Ihnen zur Kenntnis, daß das ›konsument‹-Versandhaus im Rahmen einer veränderten Aufgaben-

Werter Kunde!

Wir bestätigen den Eingang Ihres Schreibens und teilen Ihnen mit, daß Ihr Auftrag z.Z. bearbeitet wird.

Der sehr starke Auftragseingang in den letzten Wochen hat dazu geführt, daß wir in Lieferverzug geraten sind. Wir haben inzwischen Maßnahmen eingeleitet, um die entstandenen Rückstände kurzfristig aufzuholen. Sollten bestimmte Waren auf Grund der großen Nachfrage nicht mehr lieferbar sein, dann erhalten Sie direkt oder auf der Rechnung entsprechenden Bescheid.

Die eingetretene Verzögerung bitten wir zu entschuldigen.

Ihr
KONSUM-Versandhandel
– Kundendienst –

K 17

i.A.: Müller i.A.: Knoth
Ltr.d.Kundendienstes 1.Korrespond.

stellung in der Versorgung keine Versandhandelstätigkeit mehr ausübt.« Die Kunden gingen auf die Barrikaden.

Es hagelte Eingaben. Aus Zinnwald: »Die richtige Tendenz wäre, daß die Versandhausarbeit ausgebaut wird, nein, bei uns werden die Versandhäuser wegrationalisiert. Das ist ein wirtschaftlicher Rückschritt.«

Aus Döbeln: »Die Bestellmöglichkeit war für alle Bürger, die in kleinen Gemeinden wohnen, eine gute Einrichtung. Mußten sie doch nicht um jede Kleinigkeit 30 km fahren, um z.B. Nägel, Handwerkszeug, Gartengerät, Tapeten, Gardinen einzukaufen. Sie sparten Zeit und Geld und auch Benzin.«

Aus Cottbus: »Als Versandhauskunde fehlt mir für diese Maßnahme das Verständnis. Sie haben für die Landbevölkerung nichts übrig. Den Hinweis, die Einrichtungen des Einzelhandels zu nutzen, halte ich für eine Veralberung.«

Aus Cunnersdorf: »Es gab so manches, was man sonst im Handel nicht zu sehen bekam. Für das Dorf war es eine Erleichterung. Ich denke da nur an die Heimwerker-Bohrpistole, nach der mein Mann 1 Jahr lang erfolglos gelaufen ist. Aus dem Katalog bekam er sie sofort.«

Aus Halberstadt: »Schade um das Versandhaus. Man könnte richtig heulen. Wenn ich mich bei uns in der Wohnung so umsehe, was

In der Registratur

ist nicht alles von Ihnen. Mein Pelzmantel, Kurzmantel, Steppmantel, Taschen, Strümpfe, Unterwäsche, Röcke, Kleider, Blusen, Pullover, Schuhe, Teppich, die schönen Kalenderhandtücher, Fahrradanhänger und Klappbett. Jetzt wollte ich eine Heckenschere. Aber solche gibt es in den Läden der Kreisstadt nicht. Versandgeschäfte gehören ins Dasein. Jetzt fehlt uns die Weihnachtsfreude, das Paket aus Karl-Marx-Stadt. Wenn man da einen Rückblick wagt, da wird einem das Leben ganz schön schwer.«

Aus Nehringen. »Ich bin jetzt gezwungen, für jeden Einkauf einen Tag Urlaub zu nehmen, so daß mein Urlaub von 15 Tagen wohl in Zukunft für derartige Einkäufe draufgehen wird. Bei Ihnen hatte man wenigstens die Aussicht, etwas zu bekommen. Aber hier wird alles gleich für Bekannte und Freunde zurückgelegt, so daß man nichts bekommt.«

Frau O. aus der Siedlung Groß Klein in Rostock wandte sich mit einer Eingabe an Erich Honecker, Erster Sekretär des Zentralkomitees der SED, und klagte über die Einstellung des Versandhandels: »Da ich nicht weiß, an wen ich mich mit meinen Fragen wenden soll, bitte ich Sie, sich meines Briefes anzunehmen. Die Leute

Bestellbearbeitung am Fließband

beschweren sich bei mir als Leiterin der Poststelle, daß sie keine Kataloge mehr bekommen, die sonst bei mir auslagen. Ich finde die Auflösung der Versandhäuser nicht richtig. Gerade wir Berufstätige und ältere Bürger werden nun nichts mehr zu kaufen bekommen, weil die Nichtberufstätigen alles schon weggekauft haben. Ich bitte um Antwort.«

Das Büro Honecker leitet die Eingabe weiter an den Ministerrat, der an das Ministerium für Handel und Versorgung. Das Ministerium gibt Frau O. Nachricht: »Zur Klärung der aufgeworfenen Fragen werden bei Ihnen leitende Mitarbeiter des ›konsument‹-Versandhandels Karl-Marx-Stadt und des Rates des Bezirkes Rostock, Abteilung Handel und Versorgung, erscheinen.« Entsprechende Briefe gehen nach Karl-Marx-Stadt und Rostock. »Die Aussprache mit Frau O. bitten wir zu nutzen, wie künftig bei der Versorgung Schwerbeschädigter und kinderreicher Familien vorgegangen wird, die Kunden des Versandhauses waren.« Es folgen Telefonate zwecks Abstimmung des Termins, der Kollege aus Karl-Marx-Stadt reist an. Die Aussprache findet in der Wohnung von Frau O. statt, Erklärungen werden abgegeben. Frau O. äußert noch

einmal ihr Unverständnis, sieht aber irgendwann im Verlauf des Gesprächs ein, daß sie nichts ausrichten kann. Im Ergebnis bekommt sie vom Ministerium für Handel und Versorgung noch einen Brief, daß ihre Eingabe damit abgeschlossen ist. Die Angelegenheit findet Eingang in die Berichterstattungen des Versandhauses an den Präsidenten des Verbandes der Konsumgenossenschaften, die Konsumgenossenschaft Rostock bekommt eine Durchschrift. Das Ministerium für Handel und Versorgung berichtet an den Ersten Sekretär des Zentralkomitees. Die Sache ist damit beendet. Geändert hat sich nichts.

Das hier Geschilderte hat sich so oder ähnlich tausendfach abgespielt im Jahre 1975, dem letzten Jahr des KONSUM-Versandhandels.

Aus den Eingaben unserer Bürger

Ministerium für Handel und Versorgung

Werte Kollegen,
soeben bin ich aus unserer Konsum-Kaufhalle gekommen, und es gab wieder mal Radeberger Bier, 5 Flaschen auf Zuteilung. Es darf sich jeder nur einmal anstellen. Da wir aber in Kürze eine Familienfeier haben, habe ich mich zweimal angestellt und bekam kein Bier mehr. Auch nach Rücksprache mit der Verkaufsstellenleiterin Frau Reppe ging ich leer aus. Ihre Meinung: eine Feier kann nicht vom Bier abhängen. Aber ich bin der Meinung, ein gutes Bier gehört mit zur Feier. Bis vor einem Jahr konnte man bei einer Feier einen Kasten Bier bestellen, aber das gibt es nicht mehr. Es wäre Exportbier, dies steht mir gar nicht zu. Nun möchte ich gerne von Ihnen wissen, ob es dieses Gesetz überhaupt gibt, daß mir Bier zugeteilt wird.
Ich kann nicht verstehen, daß man 44 Jahre nach dem Krieg nicht einmal einen Kasten Bier bekommen kann, oder sind dies Eigenmächtigkeiten der Verkaufsstellenleiterin?
Diese Verkaufsstelle befindet sich in Radeberg, Straße der Thälmann Pioniere.
Ich sehe Ihrem Bescheid mit großen Erwartungen entgegen.

Konsum-Seifenwerk Riesa
An den Direktor

Ich weiß auch nicht, wie Sie auf den Supernamen "Nautik" gekommen sind. Sicher, weil der Name "Atlantik" schon patentiert war. Aber diese Seife gleicht in Ihrer jetzigen Ausführung weder der Schiffahrtskunde noch dem Atlantik. Ich schlage vor, Sie lassen sich den Namen "Abwasser" patentieren, denn mit dem hat sie mehr gemein. Aus den vielen vorgenannten Gründen bitte ich Sie, mir die 3 Stück Seife in einer besseren Qualität zurückzusenden oder den Betrag von 2,85 Mark + 1,- Mark Porto. In der Hoffnung, daß Sie ein Ehrenmann sind und mir eine bessere Qualitätsseife zusenden, verbleibe ich mit den besten Wünschen für Sie und eine bessere Zukunft.

An den Verband der Konsum Genossenschaften der DDR
Leiter des Büros des Vorstandes

Betr.: Beschwerde über den Konsum im Ort Lauterbach /ü. Eisenach

Ich möchte mich an Sie wenden, mit der Bitte, sich mal der Arbeitsweise der Verkäuferinnen anzunehmen, die meiner Ansicht nach nicht in Ordnung ist.
Im der vorigen Woche, am 31.10. oder 1.11., weiß es nicht mehr genau, gab es in der erwähnten Verkaufsstelle Bananen. Ich war zu Hause, aber ich wußte davon leider nichts, da ich nicht immer was einkaufen gehe.
Als meine Bekannte dann von der Arbeit kam, sagte sie es gibt Bananen. Komm wir gehen welche holen.
Wir fragten nun die Verkäuferin, ob wir Bananen bekommen könnten. Die Antwort war: "Sind keine mehr da." Das war um 14 Uhr. Wir konnten aber feststellen, daß noch drei Käufer von hinten in größeren Tüten mit Preis drauf welche bekommen haben.
Meine Bekannte konnte auch in dem dortigen Uhrenbetrieb feststellen, daß viele Arbeiter von dort einkaufen gingen und jede Menge auch für andere mitbrachten. Sagt man was, werden die Verkäuferinnen noch frech. Wie ich es erlebte. Die Tochter ging nachmittags, als sie von der Arbeit kam, hin und bekam noch 2 Stück. Fakt ist, daß es um 16 Uhr immer noch Bananen gab, die verkauft wurden. Man macht eben mit den Kunden, was man will! Ich bitte Sie, sich dieses Problems anzunehmen und erwarte Verbesserungen.

Im Archiv des KONSUM-Verbandes befindet sich eine Beschwerde aus dem Jahr 1919:

Wegen der Rotweinverteilung

Als der ungarische Rotwein zur Verteilung kam, sind an mir Frauen mit Körben vorbeigegangen, die mindestens 10-15 Flaschen im Korb hatten. Es sollten doch an jede Familie nur 2 Flaschen abgegeben werden. Erst am Abend vorher stand der Preis in der Zeitung, und als ich am Morgen zu der beschriebenen Verkaufsstellen hinkam, hieß es, der Wein sei ausverkauft. Ich habe keinen Wein erhalten und wie viele Minderbemittelte wohl keinen Wein erhalten haben? Der Konsum-Verein hat Buch über die Empfänger geführt. Haben die anderen Verkaufsstellen auch Buch geführt? Wo der Wein geblieben ist, das mag der Liebe Himmel wissen.

Konsum-Seifenwerk Riesa
An den Direktor

Werter Genosse Direktor!
Ich kaufte, um meiner Frau zum Weihnachtsfest eine Freude zu bereiten, eine Geschenkpackung der in Ihrem Werk hergestellten Seife Mon bijou. Doch als die Gattin die Seifenpäckchen öffnete und verwendete, ließ der Geruch sofort nach. Erst war er angenehm, jedoch schon eine Stunde später riecht die Seife, die zwar gut reinigt und schäumt, wie schlechter Käse.

Ministerium für Handel und Versorgung

Über Deformierung von Brötchen und Brot von der Bäckerei Jena

Seit langer Zeit ärgere ich mich schon über die miserablen, unansehnlichen Bötchen und das Brot in der Verkaufsstelle des Konsums Orlamünde.
Am Samstag, dem 18. Juli 1987, ließ ich mir von meinem erwachsenen Sohn 25 Brötchen mitbringen. Ich staunte nicht schlecht, als ich die Brötchen in Emp fang nahm. Von diesen 25 Brötchen war nicht eins, das man als Brötchen bezeichnen konnte.
Mein Sohn versicherte mir, daß die ganze Sendung nur solche Deformierungen aufwies. Die Verkaufsstellenleiterin bestätigte mir das auch am folgenden Montag.
Da ich eine Familienfeier hatte, war ich gezwungen, die verkrüppelten Bötchen meinem Besuch anzubieten.
Eine Probe dieser Brötchen lege ich hier bei.
Sollte ich noch einmal in einer Verkaufsstelle solche Backwaren zum Kauf angeboten bekommen, mache ich als letzte Instanz eine Eingabe an den Staatsrat.

WIE BEI MUTTI – ALLES AUS DEM
KONSUM

Wie Güstrow zu einem Kinderkaufhaus kam

Die DDR hatte sich die Förderung der jungen Generation auf ihre Fahnen geschrieben und zur Steigerung der Geburtenrate eine ganze Reihe sozialpolitischer Maßnahmen getroffen, wozu auch gehörte, daß die Preise für Kinderbekleidung aller Art, vom Babyartikel angefangen bis zur Jugendweihebekleidung, extrem niedrig waren. Die Kinderartikel waren zu zwei Dritteln subventioniert. Auch weniger Begüterte konnten sich ausreichend Bekleidung für ihren Nachwuchs leisten. Diese Preispolitik brachte aber auch zusätzlichen Bedarf hervor.

Horst Genkel, Kaufhausleiter beim KONSUM Güstrow, hat in den 70er Jahren akkurat Buch geführt und Vergleiche angestellt. Allein in einem Jahr verkaufte sein Team pro Kind der Stadt drei Anoraks! Und 7 Hosen! Dennoch war nie genügend Ware da. Schon gar nicht in den Größen 164 bis 176, die von den kleinen und schlanken Damen gerne zu diesem günstigen, gestützten Preis gekauft wurden.

Die Kinderbekleidung war auch ein gutes Tauschobjekt. Wer das Glück hatte, am Warenlieferungstag auf frische Ware zu stoßen, kaufte wegen der kleinen Preise gleich so viel ein, daß er damit die Verwandtschaft und Bekanntschaft nach dem gängigen DFD-Prinzip (Dies Für Das) gleich mitversorgen konnte. »Dann kauften die Muttis Hosen wie Kartoffeln«, sagt Kaufhausleiter Genkel.

Man hätte das Doppelte und Dreifache verkaufen können, wenn man die Ware nur bekommen hätte.

Kein Wunder also, daß Horst Genkel und seine Verkäuferinnen ihr Augenmerk auf die höchst interessanten Kinderartikel richteten. Das Riesensortiment mit Konfektion für Damen, Herren und Kinder, Wäsche aller Art, Stoffe, Kurzwaren von der Stecknadel bis zum Wollknäuel, das 1970 noch auf 200 qm in seinem Kaufhaus in der Güstrower Mühlenstraße gehandelt wurde, war eh zu breit angelegt und konnte auch vom übrigen Handelsnetz aufgefangen werden.

Nun war an Jugendmode überhaupt nicht zu denken. Die war ausschließlich der HO zugeteilt. Ähnlich wie die hochwertigen Delikat-Erzeugnisse und die Exquisit-Bekleidung. Aber der Handel mit Kinderbekleidung war ein interessantes Betätigungsfeld, das der KONSUM sich 1970 erschließen wollte.

Zu dieser Zeit wurde der sogenannte »Kontaktring« erfunden.

„Was heißt hier zu teuer? Diesen Anzug kann Ihr Steppke zwanzig Jahre tragen!"

Eine Art Zusammenschluß der größten und namhaften Groß- und Einzelhändler zur verbesserten Kooperation zwischen Produktion und Handel. An der Situation, daß nicht genügend Ware da war, änderte der Kontaktring auch nichts, aber er machte von sich und den Bemühungen reden, die Versorgung zu verbessern.

Der Einzelhandel kam in dieser Kontaktring-Zusammenarbeit zunehmend in Position, indem er bei den Einkaufsmessen seine besten Verkaufskräfte als Berater dem Großhandel zur Verfügung stellte.

Die Tatsache, daß man im Kontaktring nur Mitglied werden konnte, wenn man ein Kinderkaufhaus entsprechender Größe vorzuweisen hatte, brachte Horst Genkel und seine Verbündeten auf den Gedanken, das allgemeine Sortiment aufzugeben und ein modernes Kinderkaufhaus einzurichten. Das würde auch noch einen zusätzlichen Effekt haben, denn neue Häuser wurden mit zusätzlichen Lieferungen honoriert.

So geschah es denn, daß der Güstrower KONSUM im Einvernehmen mit den Zentralen in Schwerin und Berlin ein Kinderkaufhaus eröffnete, das den für diese Zeit bezeichnenden Namen »Bummi« bekam. Diesen kleinen tapsigen Bären Bummi kannte aus der gleichnamigen Zeitschrift und aus dem Kinderfernsehen damals jedes Kind.

Von nun an fuhren also Mitarbeiter des Bummi-Kaufhauses zu den Terminvorverkäufen und Submissionen nach Leipzig. Dieser Aufwand mußte sein, und er zahlte sich auch aus. Sie knüpften Kon-

takte zu den Herstellern der Kinderbekleidung, nahmen Einfluß auf die kindgerechte und modische Gestaltung der Bekleidung und durften sogar direkt bei der Bekleidungsindustrie die Ware beziehen.

Die Umsätze stiegen. Mütter, Väter, ihre Sprößlinge wurden in Güstrow zunehmend zufriedener. Das Kinderkaufhaus Bummi war in dieser Zeit bekannt und beliebt bei jedermann.

Immerhin versorgte das Kinderkaufhaus 14000 Kinder im damaligen Kreis Güstrow. Jeder Jahrgang war mit 1000 Kindern immer wieder neu dabei. Damals gab es in Güstrow 420 kinderreiche Familien, für die manchmal an Samstagen zusätzlich das Kaufhaus öffnete und seine Waren offerierte.

Ganz im Sinne der Orientierung von Partei und Staat konnte man die vielen Kinderchen ordentlich gekleidet in den Sozialismus hineinwachsen zu lassen.

Konsum-Schlager

Kapellmeister W. Schilling
Klaviersatz u. Arrangement: Emil Franz Rau

Konsum-Witze

Wie hätte es anders sein können: Der Volksmund machte seine Witze, und weil der Mangel ein Dauerthema war, wurden die, die ihn verwalteten, ebenfalls zum Gegenstand der Witze.

Kommt ein Mann in einen KONSUM-Laden. »Gibt's hier denn keine Möbel?« Sagt die Verkäuferin: »Keine Möbel gibt's nebenan. Hier gibt's keine Fahrräder.«

Oder: »Was hat Sigmund Jähn mit einem KONSUM-Verkaufsstellenleiter gemeinsam?«

»Beide kennen sich aus im leeren Raum.«

Konsum-Witze dieser Art kursierten.

Wie auch der folgende:

»Hast du schon gehört? Die DDR soll ins Guinness-Buch der Rekorde aufgenommen werden.«

»Und warum?«

Ich bleibe die Antwort vorerst schuldig und erzähle ein Erlebnis aus meiner Zeit als KONSUM-Vorsitzender:

Anfang Dezember des Jahres 1986 rief mich ein früherer Kollege von einer Baustelle aus dem kleinen Ort Vietgest im Landkreis Güstrow an. Sein Anliegen war, aus der dortigen KONSUM-Verkaufsstelle für seine Mitarbeiter ein paar Pfund Bananen zu bekommen, die ihnen die Verkaufsstellenleiterin verweigert hatte. Ob ich nicht helfen könnte?

Die Bauarbeiter hatten beobachtet, daß mit der wöchentlichen Warenlieferung auch einige Kisten der begehrten Südfrüchte geliefert worden waren: Das wäre doch was. Der Vater kommt von der Arbeit und bringt für die Kinder Bananen mit.

Ich telefonierte mit der Leiterin der Verkaufsstelle und erfuhr, daß sie gerade so viel Bananen erhalten hatte, um jedem Kind der Gemeinde eine Banane zukommen zu lassen, und so hatte sie für jede Familie mit Kindern nach der Anzahl der Familienmitglieder bis zu 14 Jahren auch die Bananen bereits eingetütet, mit Namen versehen, um sie ihnen zu verkaufen, sobald sie in den Laden kamen. Und sie würden bestimmt kommen, denn die Bananenlieferung hatte sich schon herumgesprochen.

Wie sollte man auch verfahren, wenn die Lieferung von Südfrüchten selten war. Irgendwie mußte man schließlich versuchen, so gerecht wie möglich die Mangelware an seine Kunden zu verteilen. Es waren ja die Leute aus der Gemeinde, die täglich zum Einkaufen kamen, also die Stammkunden.

So hatte mein Freund und Kollege, der nur zeitweise in diesem Ort war, schlechte Karten. Ich konnte und wollte ihm nicht helfen.

Die Leute aus dem Ort bekamen ergo die Bananen. Aber immerhin wußten die Bauarbeiter nun, daß es im Kreis Güstrow Bananen gab. Vielleicht hatten sie Chancen, in der Verkaufsstelle an ihrem Wohnort ihren »Anteil« zu erhalten. Ob sie Erfolg hatten, entzieht sich meiner Kenntnis.

Und wenn die Antwort auf die Frage nach dem Eintrag ins Guinness-Buch mit dieser Geschichte noch nicht gegeben ist, sei sie hiermit nachgereicht: Weil die DDR die meisten Kinder pro Banane hatte.

Das Verteilungssystem für UT-Ware (Unter-Tisch-Ware), auch Bückware genannt, wurde je nach Warenart durch die Leiter der Läden zwar etwas unterschiedlich, manchmal pro Person oder pro Familie, aber auf jeden Fall ähnlich gestaltet. Jeder Verkaufsstellenleiter versuchte, die Verteilung möglichst gerecht zu machen. Gab es die ersten Gurken, Radieschen, Salat und Tomaten im Frühjahr, später Südfrüchte, Nüsse, bestimmte hochwertige Fleischsorten wie Schweinefilet, Kassler oder Rouladen, Wiener Würstchen, Strumpfhosen und andere Kleintextilien, ging die Ware auf solche Art über den Tisch: Verteilung statt Handel. Ein Vorgang, in dem das große »B« wie »Beziehungen« immensen Raum einnahm. Nicht immer, aber sehr oft.

Auch dafür prägte der Volksmund einen passenden Spruch:

In der HO keine Verwandten,
im KONSUM keine Bekannten,
aus dem Westen kein Paket –
Da fragst du noch, wie es mir geht ?

Scherzhaft sagte man: Im Kapitalismus herrscht die Ausbeutung des Menschen durch den Menschen. Im Sozialismus ist es genau umgekehrt!

Schon in den 60er Jahren hatte Ulbricht einmal gesagt: »Aus den Betrieben ist noch viel mehr herauszuholen.« Etliche haben das sehr wörtlich genommen.

In den Betrieben wurde gemaust, was das Zeug hielt. Es gab immer Leute, die alles gebrauchen konnten. Alles, aber auch alles, wurde einer Verwendung zugeführt oder für »schlechte Zeiten« aufbewahrt. Die Bastler hatten Konjunktur. Fast jeder hatte eine kleine Werkstatt, in der er zusammenfügte, was im Haushalt oder im Garten notwendig war. Aus der akuten Versorgungsnot wurde eine Tugend gemacht, die Leute waren ideenreich und listig.

In den Kleingärten konnte man vielfach schon von weitem erkennen, wo die Leute arbeiteten. Wegbegrenzungen aus Fleisch- und Brotkisten und den dazugehörigen Deckeln (Fleischkombinate und Backwarenbetriebe), Gartenlauben aus Türen und Hartfaserplatten

(Türenwerk und Küchenmöbelbetrieb), Leisten, Latten und andere Hölzer aus den holzverarbeitenden Betrieben, Baumaterialien verschiedenster Art aus den Baubetrieben.

Es kamen schnell Späße auf wie zum Beispiel:

Ein Mitarbeiter eines Fleischkombinates legt zwei halbe Schweine zusammen, setzt sie in den Beiwagen seines Motorrades, stülpt einen Motorradhelm drüber und hüllt einen Mantel drumrum. Frech fährt er am Pförtner vorbei zum Werktor raus. Es klappt und er macht es öfter. Jedes Mal lacht der Pförtner laut und herzlich und winkt den beiden zu. Schließlich fragt der Motorradfahrer den Pförtner, warum er denn immer so fröhlich sei? Da sagt der Pförtner: »Also, wenn ich euch beide da so rausfahren sehe, lache ich mich kaputt. Du siehst ja schon nicht besonders gut aus, aber dein Kumpel im Beiwagen, der sieht aus wie ein Schwein.«

Oder: Im Türenwerk fährt ein Arbeiter jeden Tag mit einem Sack Abfallholz auf der Schubkarre aus dem Werk heraus. Abfallholz mitzunehmen ist gestattet. Jedes Mal läßt ihn der eifrige Pförtner den Sack auskippen, damit er nachsehen kann, ob auch nichts Verbotenes darin ist. Und immer muß der Kollege das Holz wieder einsammeln. Da fragt ihn sein Kumpel: »Warum läßt du dich wegen dem bißchen Abfallholz denn so vom Pförtner schikanieren?« Sagt

der: »Das nehme ich gerne in Kauf, solange der nicht merkt, daß ich jeden Tag eine Schubkarre klaue.«

»Gibst du mir, dann gebe ich dir« war eine weitverbreitete Aktion, die manchmal sogar öffentlich stattfand.

Es wurde getauscht, geschachert und gehandelt auf Teufel komm raus. Auch zwischen den Betrieben. Wer irgendwie an Ware herankam oder sie gar produzierte, der tauschte sich dafür anderes, was er brauchte, ein. Es waren ungerechterweise diejenigen am besten dran, die interessante Waren produzierten. Beneidet wurden die Leute aus der Spirituosenfabrik, die sich einige Kartons mit den interessanten Spirituosen einpacken konnten und für ihre »milden Gaben« die Artikel bekamen, die sie für ihre Produktion und Werksinstandsetzung brauchten. Das war einfach attraktiver als etwa in der Getriebeproduktion.

Aber auch die Händler nutzten ihre Macht, um mittels Mangelartikeln für sich und ihre Angehörigen an andere Mangelartikel zu kommen. Wer Bananen anbieten konnte, hatte auch Fliesen für sein Eigenheim, wer modische Bekleidung anbot, bekam auch seinen Schinken zu Weihnachten.

Und wenn der Sozialismus nicht untergegangen wäre, dann tauschten sie noch heute.

Ein Konsum-Roman

1967 beauftragte der Verband der Konsumgenossenschaften den Schriftsteller Gerhard St. aus Berlin, einen Roman zu schreiben, der die Arbeit der Frauen im sozialistischen Binnenhandel würdigen sollte. Im Vertrag des Präsidenten Dr. Fahrenkrog mit dem Autor St. liest sich der Vertragsgegenstand so: »In diesem Roman, dessen Handlung vornehmlich in einer Konsumgenossenschaft ablaufen sollte, muß die Würdigung der Arbeit der Frauen im sozialistischen Binnenhandel, ihre beispielhafte Tätigkeit in ehrenamtlichen Funktionen der staatlichen Organe und der Konsumgenossenschaft im Mittelpunkt stehen.

Die Entwicklung der handelnden Personen zu bewußten Staatsbürgern unserer souveränen sozialistischen Republik sollte in unmittelbarer Beziehung zur Entwicklung der sozialistischen Konsumgenossenschaften und zur allgemeinen Veränderung der gesellschaftlichen Verhältnisse – vor allem auf dem Lande – dargestellt werden.

In diesem Rahmen sind Probleme der sozialistischen Menschenführung, typische Konflikte und ihre Lösung und eine Skizzierung der Rolle der Konsumgenossenschaften im ökonomischen System des Sozialismus zu gestalten.«

Der Autor durfte im Kreis Pasewalk das Milieu in der dortigen Konsumgenossenschaft studieren, er hatte ein Exposé auszuarbeiten. Das satzreife Manuskript mit 250–300 Druckseiten sollte im Januar 1968 an den Verband übergeben werden. Im »KONSUM-Genossenschafter«, der Zeitung der Konsumgenossenschaften, war ein Vorabdruck vorgesehen.

Ob es zu all dem überhaupt gekommen ist, darüber gibt die Akte keine Auskunft. Ein Buch hat es wohl nicht gegeben, sonst wäre es ja irgendwo einmal aufgetaucht.

Aber es kam zu einen regen Schriftwechsel zwischen Autor und Verband, nachdem der Autor die ersten Seiten seines Manuskripts vorgelegt hatte.

Die Handlung beginnt mit einer Sitzung des Kooperationsrates der LPG Sowieso. Die Perspektive soll geplant werden. Dabei regen sich die Frauen über die mangelhafte Versorgung in den Dörfern auf. Im Dorf X ist die Gaststätte seit Monaten geschlossen, daher wird in der Verkaufsstelle »herumgesoffen«, im Dorf Y ist der KONSUM zu klein, und das Landwarenhaus in der Gemeinde Z hat auch so seine Probleme. Genug Ware ist sowieso nicht da. Die drei Dörfer gehören unglücklicherweise – aber das erhöhte die Dramatik – auch noch zu zwei unterschiedlichen Kreis-Konsumgenossenschaften.

Nun treten allerlei Leute auf den Plan, Verkäuferinnen und Verkaufsstellenleiterinnen, Bürgermeister, LPG-Vorsitzender, Mitglieder der Vorstände, der Revisionskommissionen aus der Kreisstadt, Mitglieder der Verkaufsstellenausschüsse. Leute aus den Dörfern, Arbeiter und Bauern.

Die Vorstände machen Konzeptionen, die Dörfler Gegenkonzeptionen, Arbeitskreise werden gebildet, die Rationalisierung kommt ins Spiel, es ist von Sortimentsbereinigung, von Umbau, Neubau, Bestellsystem und Fehlbeträgen die Rede. Ein heftiger Austausch ist im Gange. Und etwas Liebe ist auch dabei.

Das Happy End: Die Frau des Agronomen der LPG wird Vorstandsvorsitzende der Konsumgenossenschaft, die jetzt für alle drei Dörfer zuständig ist. Die zunächst fremdgehende junge Verkaufsstellenleiterin lernt in Meißen beim Studium den Mann fürs Leben kennen, der die LPG als Vorsitzender übernimmt. Alle Mitwirkenden sind selbstverständlich nicht nur KONSUM-Mitglieder, sondern in ehrenamtlichen Funktionen und Mitglieder der SED oder der DBD. In der Nationalen Front sowieso.

Es entwickelt sich eine den ganzen Kreis erfassende Bewegung, die dem »Neuen Ökonomischen System«, seinerzeit von Walter Ulbricht erfunden, vollinhaltlich Rechnung trägt.

Jetzt verändert sich alles. Es werden eine neue Verkaufsstelle, eine Gaststätte und eine zentrale Küche gebaut. LPG, KONSUM und Gemeinden ziehen an einem Strang. Die Kreisleitung und der Rat des Kreises geben ihren Segen. Auch der Landwirtschaftsrat. Natürlich auch der KONSUM-Bezirksverband.

Außerdem sind sie alle riesig begeistert. Sämtliche offenen Fragen sind oder werden geklärt. Man liegt sich in den Armen, jeder findet jeden gut. Alle Kommissionen sind besetzt. Alle nehmen teil an der Verbesserung der Versorgung. Alle machen mit. So was von Zufriedenheit gibt es nur beim KONSUM!

Schade, daß der Roman nicht gedruckt wurde, wir hätten noch heute viel zu lachen.

KONSUM
UNSERE Teigwaren
SIND ERZEUGNISSE HOHER QUALITÄT
NAHRHAFT UND LEICHT BEKÖMMLICH

Nach dem Befehl der Sowjetischen Militäradministration zur »Wiederherstellung der Konsum-Genossenschaften« steht vor allem die Frage: »Wie sollen wir über den ersten Nachkriegswinter kommen?« Jeder hilft sich, so gut er kann. Kein Brennmaterial, Lebensmittel, wenn überhaupt, auf Marken, meistens nur Kochfleisch im Angebot oder nur eine Sorte Wurst zum Verkauf, fehlendes Stopfgarn für die kaputten Strümpfe, keine Glühbirnen oder Kerzen, kein Petroleum, keine Einweckgläser und Weckringe, verzinkte oder Emailleeimer, Wäscheleinen. Arbeitsanzüge und Schuhe gibt es nur auf Bezugsschein. Der Schwarzmarkt blüht. Schlangen vor den Läden.
1946 nehmen 24 KONSUM-Betriebe, vor allem Bäckereien und fleischverarbeitende Betriebe, die Tätigkeit auf. Es gibt 5 831 KONSUM-Verkaufsstellen, 1949 sind es über 13000.

Eine erste KONSUM-Aktion ist die »Strumpf-Ansohl- und Reparaturaktion«. Es werden Spezialbetriebe gegründet, in denen die löchrigen Sohlen der Strümpfe abgeschnitten und durch neue ersetzt werden. Dazu heißt es: »Die Hausfrauen werden aufatmen, wenn sie die getragenen Strümpfe und Socken ihrer Familie gewaschen abgegeben und schon bald instandgesetzt zurückerhalten haben.« Später geht es mit Repassieren und Stopfen gegen die Laufmaschen an. Jede KONSUM-Verkaufsstelle ist eine Reparaturannahmestelle. Als in den 50er

Jahren die nahtlosen Strümpfe aufkommen, sind die KONSUM-Verkäuferinnen die ersten, die sie tragen. Schließlich sitzt man an der Quelle ... Aber die Bevölkerung fragt öffentlich: »Muß man sich erst beim KONSUM bewerben, um an nahtlose Strümpfe heranzukommen?« Es dauert, bis »ESDA Thalheim«, der Hersteller der feinen Damenstrümpfe, bedarfsdeckend die »Nahtlosen« lieferte.
Für die »Aufbauarbeit« fehlt es an manch banalen Dingen, Fliegenfänger beispielsweise. Die damalige Satirezeitschrift »Frischer Wind« schreibt: »Wenn schon mal Kuchen oder Käse da war, dann saßen die Fliegen drauf und lachten sich tot.« Es fehlen Küchenschürzen oder Matratzen, Bettwäsche oder Inlett, Eimer, Schüsseln und Wannen für den Haushalt. Die

Filzstiefel gibt es zur Badesaison, die Gummistiefel im Winter.

Zum 1. Januar 1947 existieren 245 Konsumgenossenschaften mit rund 6 000 Verteilungsstellen.

1948 eröffnen die ersten »freien Läden« der HO. Die Zeit des »Schwarzen Markts« geht zu Ende.

1951 wird das Schiff Kambala (Flunder), ein Geschenk der sowjetischen Binnenschiffahrtsdirektion, in den Dienst des Konsumverbandes gestellt. Es übernimmt als erste schwimmende

Verkaufsstelle die Versorgung der Binnenschiffer der Oder und der Berliner Gewässer.

1951 baut man in der Berliner Stalinallee das Hochhaus an der Weberwiese. Schon während der Bauphase verkauft der KONSUM »auf Anrechtsschein der BGL« Arbeitsbekleidung, Schuhe und andere Textilien wie warme Handschuhe, Socken und Unterwäsche.

1952 kommen Produkte wie Konsumina-Wäschestärke, Konsumero-Tabak, Konsumola-Brause und Konsulade-Süßwaren, verschwinden aber bald wieder aus den Regalen.

1953 beginnt der freie Aufkauf von Übersollprodukten der Landwirtschaft durch den KONSUM.

Unter dem Slogan »Es darf keine vergessenen Dörfer geben« werden in jeder kleinen Stadt die sogenannten Dorfkonsumgenossenschaften gegründet, die sich um die Versorgung der Menschen in den umliegenden Dörfern kümmern. Der KONSUM-Kreisverband und die ihm zugeordnete KONSUM-Produktion helfen dabei. Der KONSUM ist im öffentlichen Kreuzfeuer. Kritik wird geübt am Aussehen der Verkaufsstellen und Verteilungsstellen, am Umgang mit dem Leergut (Kisten und Stiegen werden oft als Feuerholz benutzt). Gelobt wird, wenn er Kulturgruppen/ Chöre, Laienspiel- und Tanzgruppen gründet, Modenschauen und Kinderfeste veranstaltet oder wenn KONSUM-Kindergärten oder Jugend-Verkaufsstellen eröffnet werden.

Am 26. und 27. August 1949 findet der I. Genossenschaftstag der Konsumgenossenschaften der DDR statt.

Am Beginn der 50er Jahre wird der »Fliegende KONSUM« eingeführt. Die ersten Bauernmessen, zusammen mit der Vereinigung der Gegenseitigen Bauernhilfe, finden in Dorfgast-

höfen und Kornspeichern statt. Oft müssen Polizeiposten wegen der großen Nachfrage den Einlaß regeln. Besonders wenn es »Punktfreie Kleider« gibt.

Das neu für die sozialistische Wirtschaft ausgearbeitete Vertragssystem gilt und beginnt zu wirken. Es regelt die Beziehungen zwischen Industrie und Handel und die gegenseitigen Ver-

tragsverpflichtungen. Nunmehr werden die Vertragsgerichte bemüht und Vertragsstrafen erlassen, wenn die vereinbarte Qualität oder der Liefertermin nicht eingehalten werden. Auch zwischen den KONSUM-Betrieben der Industrie und des Handels kommt es immer wieder zu heftigen Auseinandersetzungen.
Es fehlt fast ständig an Brause, Selters und Säften, besonders wenn es warm ist. Wenn 20 Kisten bestellt sind, werden oft nur 2 geliefert. Meist stehen nicht genügend Flaschen zur Verfügung, weil die Rückführung vom Handel an die Abfüllbetriebe nicht klappt.

Auch dies noch im Jahre 1953: Die Porokrepp-Schuhe kommen aus Importen auf den Markt. Man schlägt sich darum.
Mit Igelitstiefeln soll das Versorgungsloch bei Gummistiefeln, die man so dringend braucht, gestopft werden. In der Zeitung steht, daß sie in ausreichender Menge produziert werden. Stimmt nur fast. Sie bleiben Mangelware.

Emaillewaren sind gefragt. Besonders Eimer. Schließlich muß man Kohlen und Kartoffeln täglich aus dem Keller holen. Aber der Kunde findet sie fast nie im Angebot.

Das Abwaschmittel »Fit« wird den Kunden empfohlen, um Ölflaschen zu reinigen und Öl aus den Verkaufsstellen zu holen. Es ist zwar genügend Rapsöl da, aber der KONSUM hat keine Flaschen, um abzufüllen und zu verkaufen. Die Altstoffannahmestellen und die Glashütten sind nicht in der Lage, genügend Flaschen zu liefern.

Die Hausschlachtung auf dem Lande leidet unter Pfeffermangel.

Eine gute Meldung noch im Jahr 1953: Der KONSUM darf ab sofort Eier aufkaufen und gleich wieder verkaufen. »Frisch von der Henne zu Frau Meier.« Der Aufkauf von Eiern war bisher umständlich über die VEAB (Volkseigener Erfassungs- und Aufkaufbetrieb) und deren Lager erfolgt. Es dauerte lange, bis die Eier in die Verkaufsstellen kamen. Beim KONSUM gibt es nun sofortige Barzahlung, oder man kann für den Betrag gleich wieder andere Waren einkaufen. Das gefällt den Kunden.

Immer wieder fordern die Verkäuferinnen im KONSUM kleinere Abpackungen. Die Kartons, die von der Industrie und dem Großhandel geliefert werden, sind zu unhandlich und zu schwer. Ein Problem, das sich jahrelang hinzieht und nie zufriedenstellend gelöst werden kann. Auch die Bier- und Brausekisten müssen »von Hand« bewegt werden. Viereckroller, Hubwagen oder andere Transport-Hilfsmittel zur Erleichterung der Arbeit der Verkäuferinnen stehen 1953 noch nicht zur Verfügung.

In der KG Anklam macht man es richtig, um

mit den Überplanbeständen fertig zu werden: 300 große Rückenschwämme werden zerschnitten und als Fensterputz- und Tafelschwämme verkauft. Die Kunden kaufen begierig.

Und es geht weiter: »Auch kleinste Orte bekommen ihren KONSUM.«
In manches entlegene Dorf wurden 10 Brote und 50 Brötchen geliefert. Das ist unrentabel, bleibt aber bis 1989 so. Allerdings vervielfachen sich die Zahlen, weil nicht nur die Familie, sondern auch das zu mästende Vieh mit KONSUM-Brot gefüttert wird.
Bis zum 31. Dezember 1954 entstehen 121 Landwarenhäuser.

1955 gibt es 1200 Bäckereien und 420 Fleischwarenbetriebe beim KONSUM.
In den 10 Jahren seit 1945 wurden 3 Millionen Mitglieder für den KONSUM geworben.
1955 klagen die Konsummitglieder über krümelige Butter.
Ein Jahr später setzt der KONSUM für den ambulanten Handel und Sondereinsätze Fahrräder mit Kastenaufsatz ein.

Das Sortiment im ambulanten Handel wird breiter. Es wird nun auch Fisch mit den Fahrzeugen auf dem Lande angeboten.
1956 wird in Halle der erste Selbstbedienungsladen eröffnet.

Auch so was gibt's: Ein Verkaufsstellenleiter wird von einer unangemeldeten Inventurkolonne mit hoher Minusdifferenz im Warenbestand erwischt. Die Konsequenz scheuend, setzt er sich über Nacht in den Westen ab. Da-

mals die einfachste Lösung, sich einer Strafe zu entziehen. Oftmals geht auch die Ladenkasse mit.

Der KONSUM ist ab sofort nicht nur Aufkäufer von Erzeugnissen aus der Landwirtschaft, jetzt wird er auch zum Aufkäufer von Wildfrüchten und Pilzen.

1957 gibt der KONSUM den Kohlehandel an die BHG (Bäuerliche Handelsgesellschaft) und DHZ (Deutsche Handelszentrale) ab.

Das Wörtchen »nur« wird modern. Statt Weinbrand Verschnitt zu 5,55 gibt's »nur« Spezial zu 7,55 Mark, statt Zigarren zu 40 »nur« welche zu 60 Pfennig.

Immer wieder eröffnen neue KONSUM-Gaststätten auf dem Lande. Sie übernehmen das »Glas-Bier-Geschäft« und oft auch die Mittagsversorgung der LPG-Bauern.

Die Argumente gegen Verpackungssorgen werden 1957 in der Zeitung »KONSUM-Verkaufsstelle« ausgepackt: Wenn jeder Haushalt jährlich 10 kg Altpapier abgibt, würden wir bei 5 Millionen Haushalten 50000000 kg Papier zusätzlich erfassen und dadurch 700000 Bäume vor dem Einschlagen bewahren. Bei Ablieferung von 30 Millionen Flaschen und Gläsern – das sind je Haushalt 6 Stück – könnten 24000 t Kohle und 3000 t Soda eingespart werden.

Vier Mostrichfabriken des KONSUMs produzieren ihre »Scharfen Sachen«. Die KONSUM-Seifenfabrik Riesa produziert »Kernseife« zur Freude der Hausfrauen, dazu Einweichmittel, Waschpulver »Famos«, Shampoo und Fleckentferner. Die KONSUM-Nährmittelwerke Erfurt stellen nicht nur »Backstolz« und diverse

Puddingpulver her, sie bringen auch Götterspeise und Brausepulver auf den Markt. Die KONSUM-Bürstenfabrik Stützengrün erfindet einen Kleiderbügel mit angebauter Bürste und startet eine Bohnerbürstenaktion. Immer mehr KONSUM-Industriebetriebe machen von sich reden: die Schokoladenfabrik Tangetta Tangermünde mit Kunsthonig, das Bekleidungswerk Seifhennersdorf, die Konserven- und Marmeladenfabrik Tangermünde mit Mus, Gelee und Marinaden, die Schnapsfabriken des KONSUMs Melde Cottbus, Winkelhausen Güstrow und Allstedter Spirituosen, die Zündholzfabrik Riesa, die Teigwarenfabrikanten in Erfurt, Riesa und Magdeburg.

Der Bestand an Gaststätten hat sich beim KONSUM von 174 im Jahre 1952 auf 936 im Jahre 1957 erhöht.

1957 erhalten die KONSUM-Mitglieder in der DDR insgesamt 97 Millionen Mark Rückvergütung in die Hand.
Ab 1958 gibt es einheitliche Umsatzwertmarken für alle Konsumgenossenschaften. »Endlich kann ich in Berlin einkaufen und die Marken in der Heimat-KG abgeben«, sagen viele KONSUM-Mitglieder.
Im gleichen Jahr werden die Lebensmittelkarten abgeschafft.

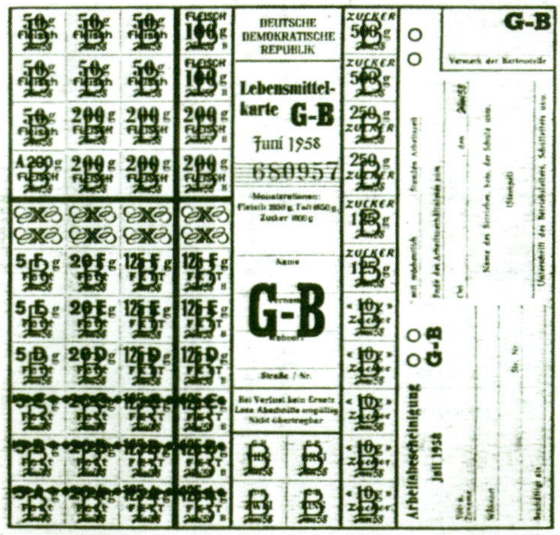

Die Preise für Butter, Kotelett, Bockwurst und Milch werden gesenkt. Zum Beispiel Butter für 500 Gramm ehemals 9,60 Mark, jetzt 4,90 Mark.
Der KONSUM eröffnet Billigwarenläden unter der Bezeichnung »BIWA« und wird seine Ladenhüter los.
In den Läden für Textilien und für andere Industriewaren verdienen die Verkäufer gutes Geld mit Stückprämien zu ihrem Grundlohn, wenn sie überlagerte oder Risikoware (1 Jahr und älter) an den Mann bringen. Die Deutsche Notenbank wacht mit Argusaugen über den Warenbestand und seine Altersstruktur, kontrolliert ständig, obwohl nicht jeder KONSUM einen Kredit hat.
Immer wieder Verpackungssorgen. Ein Kunde bekommt seinen neu gekauften Anzug in Pergamentpapier eingewickelt, weil kein einfaches Packpapier zur Verfügung steht. Auch die Arbeiter- und Bauern-Inspektion kann ihm nicht helfen. Die Republik lacht.
Aus Stalinstadt wird Eisenhüttenstadt.
Weil jeder Kotelett will, wirbt man beim KONSUM: »Mehr Herz für Innereien.« Im Ministerium für Handel und Versorgung ignoriert man die Idee, mit einem gestaffelten Preissystem den Absatz der unbeliebten Sortimente zu fördern. Die Preise bleiben unverändert.
Die KONSUM-Fleischer erzählen über die Wurstherstellung, nachdem ein Schlachtermeister beim Manipulieren erwischt wurde (in seiner Leberwurst war selbst nach 200facher Vergrößerung keine Leber zu entdecken): »Wenn das rauskommt, was da reinkommt, dann kommt der rein, daß er nicht so schnell wieder rauskommt.«
Es fehlt an Waschpulver, Essig für das Einkochen von Gurken, Bohnen und Birnen, es gibt keine Kartoffelschäler, Quirle, Büchsenöffner, Siebe, Schöpfkellen und Salz.
Der KONSUM erhält 1958 sein neues rotes Zeichen mit rauchendem Schornstein und Sichel. Dazu der Vereinigungs-Ring mit dem »K«.
Die ersten Kommissionshandelsverträge werden von KONSUM und HO mit privaten Einzelhändlern abgeschlossen.
Es gibt Lohnerhöhungen und die 45-Stunden-Woche.
Die KONSUM-Spirituosenfabrik Allstedt bringt das alkoholfreie Getränk »Lipsi« auf den Markt.
Der KONSUM konzentriert sich auf die Jahresendauszahlungen in den LPG, reagiert mit Angeboten auf Verkaufsmessen.
Das Magnettongerät Smaragd erregt die Aufmerksamkeit. Professor Mauersberger ist mit

seiner Erfindung Malimo in aller Munde. Vom Handtuch (Was trocknet niemals H_2O? – Malimo!) bis zum feinen Anzugzwirn als »Präsent 20« vom Textilkombinat Cottbus wird möglichst alles aus Malimo erzeugt.

Die Sammelaktionen »Korbine Früchtchen« und »Vita Minchen« machen Schlagzeilen und verbessern die Versorgung mit Pilzen und Wildfrüchten. Der KONSUM ist dabei. Auch bei der Aktion Einkellerung der Kartoffeln unter der Losung »Die Kellergäste sollen sich im Keller wohlfühlen.«

Überall eröffnet der KONSUM Waschstützpunkte. Die »ROMO«-Waschmaschinen kommen aus der CSSR. Drei Jahre später hat der KONSUM schon 213 Waschstützpunkte mit über 984 Waschmaschinen.

Es gibt massenweise Versicherungsschäden, hervorgerufen durch das Waggonrangieren bei der Deutschen Reichsbahn, weil keine Pappschachteln für Eier vorhanden sind.

Die ersten ASCOTA-Aufrechnungsmaschinen sichern an den SB-Kassen eine schnelle Kundenabfertigung.

Der KONSUM hat anno 1958 einen Anteil von 33,4 % am Gesamtumsatz der DDR.

Aber wieder rieselt das Sonnensalz aus den Tüten. Es fehlt an Zwieback und anderen leckeren Sachen. Das Jahr 1958 hat noch mehr zu bieten: Zwiebeln und Kartoffeln werden in Strumpfrohlingen verpackt. Die Küchenmaschine KOMET KM 6 und das Handrühr- und Mixgerät RG 6 kommen in die Haushalte. Aber die Ersatzteilfrage ist nicht geklärt. Die Kaffeeschlagmühle zu 49,50 M ist zwar gut und gefragt, aber der Plastschlagbecher geht zu schnell kaputt. Er kostet nur 41 Pfennig, aber es gibt ihn nicht. Die Aktion der Industrie »1000 kleine Dinge« bringt keine Punkte.

Die Mamai-Methode wird beim KONSUM eingeführt. Mamai ist der russische Hennecke, ein Häuer aus dem Donbass. Sein Anliegen ist die tägliche Planerfüllung durch Planaufschlüsselung bis auf die Stunde und die Person. Alle machen mit, auch wenn's nicht wirklich hilft. Die Brigade »Sonnensputnik« aus dem Landwarenhaus Lohmen ruft zum Wettbewerb auf.

Im Rundfunk läuft die Sendung »Kollege kommt gleich« mit KONSUM-Beteiligung. Neben Herrn Mode und Frau Geschmack werden nun Kellner Flott und Küchenmeister Schmackhaft populär.

Auch eine vom Ministerium für Handel und Versorgung für den 22. März 1958 nach Charlottental im Bezirk Schwerin einberufene Tagung ändert daran wenig.

SML-Schuhe (lederähnlich blank, aber atmungsunfähig und daher schweißbildend) werden auf den Markt geworfen, Fruchtschaumwein kommt vom KONSUM aus Rötha und »Sofix« Soßenpulver (ohne Kochen) wird jetzt bei KONSUM-ROTPLOMBE produziert.

Der Ausleihdienst und die Kundendienstzentralen werden beim KONSUM in jedem Kreis ins Leben gerufen. Der KONSUM-Versandhandel in Karl-Marx-Stadt kommt hervorragend an. Im November 1961 werden 89000 Bestellungen registriert.

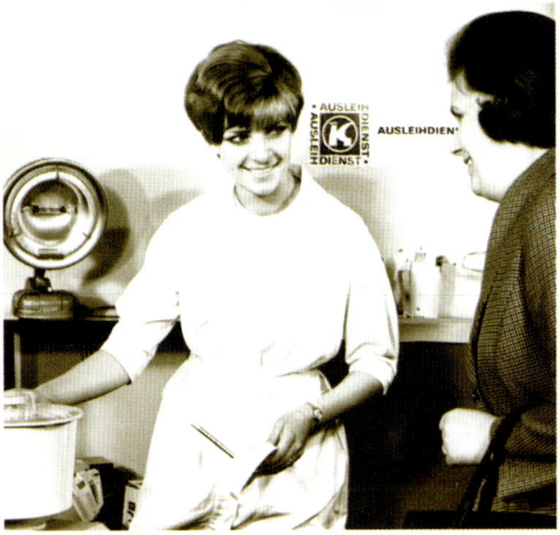

Die Preisstufen »I« bis »S« in Gaststätten werden festgelegt. Die Konsumgaststätten haben meist die Preisstufe II. Dazu muß vorhanden sein: Einheitliche Bestuhlung, Tischdecken oder blankgescheuerte Holztische, 70 cm Freiraum für den Kellner, Gardinen, einwandfreies (nicht angeschlagenes) Glas und Porzellan, Bedienung in Berufsbekleidung, Ventilation, Seife, Handtuch, Spiegel und Papier auf dem Klo ...

Das Bier kostet 40 oder 51 Pfennig, der Gulasch 1,80 Mark.

1959 gibt es bereits 4000 KONSUM-Gaststätten. Sie sollen »kultureller Mittelpunkt auf dem Lande« sein. Vortragsreihen, Filmvorführungen, Festlichkeiten und Tanz. Aber viele Kreuze auf den Speisekarten.

Das »Neue Deutschland« macht eine Kampagne: »Genosse, was macht deine Frau?« Damit soll dem Arbeitskräftemangel bei den Konsumgenossenschaften zu Leibe gerückt werden.

Es kommen die »Listen der ständigen Lieferbereitschaft«. Trotzdem gibt es nicht alles. Mit Listen ist das nicht zu lösen. Auch »Versorgungspläne« oder »Partnerverträge« zur Versorgung der Traktoristen auf dem Lande können die Versorgungsmisere nicht stoppen.

Der Hagenower KONSUM kreiert eine rollende Gaststätte mit 200 qm Zelt und 50 qm Tanzfläche, einschließlich aller gastronomischen Einrichtungen in einem Verkaufsanhänger.

Die KONSUM-Werke Stendal und Tangerhütte kochen Marmelade und Gurken ein.

Fischabteilungen werden in den Kaufhallen eröffnet. An einer Angebotstafel heißt es statt »Rotzunge« plötzlich »Rotzjunge«. Schelme gibt es überall!

Der Stern-Recorder wird umjubelt und sofort zum Mangelobjekt. Milieu-Gaststätten entstehen auf dem Lande und in den Städten.
1961 gibt es 1530 KONSUM-Produktionsbetriebe mit 39200 Beschäftigten.
Der KONSUM hat jetzt 349 Landwarenhäuser und 16400 Dienstleistungs-Annahmestellen und 5300 Gaststätten. Die Rückvergütung beträgt für 1961 207 Millionen Mark, für jedes Mitglied im Schnitt 55 Mark.
Energisch geht die Öffentlichkeit beim KONSUM gegen das Hamstern von Entenklein und das Bunkern von Schmalzfleischdosen an. Das neue Sortiment an Feinstrumpfhosen »Slipso-Brillant« mit waschbeständigem Flimmereffekt erobert die Herzen der Damen. Es gibt nur wieder zu wenig davon.
Man lachte über eine Meldung aus den USA, wo Kaufleute an Lehrgängen teilnahmen, die ihnen ein anständiges und ehrliches Gesicht verschaffen sollten. Aha, Schauspielunterricht. Damals verstand das keiner. Heute schon eher.
Im Oktober 1961 wurden von jedem Bürger im Schnitt 26 Tassen Bohnenkaffee getrunken. In Berlin 34,4 Tassen.
Die KONSUM-Handelsniederlassungen werden dem sozialistischen Großhandel zugeordnet. Der KONSUM hat keinen eigenen Großhandel mehr.
Eilenburg wird 1961 der erste vollgenossenschaftliche Kreis.
Das Wunder Waschmaschine hält Einzug. Allgemeiner veröffentlichter Standpunkt: Eine Frau allein kann eine solche Maschine nicht auslasten. Daher sollten sich die Mieter zusammenschließen und gemeinsam eine Maschine erwerben. Durch das Sammeln von Altstoffen kann der Betrag schnell zusammengetragen werden. Das ist 1963.
Der KONSUM baut verstärkt Warenschleusen. Das sind verschließbare Räume, die dem Lieferbetrieb auch schon vor der Öffnungszeit zugänglich sind. Es geht um verbesserte Versorgung mit Frischwaren und um rationelle Auslastung der Transportkapazität. Aber es gibt zu wenig abgepackte Ware. Die Verkäuferinnen sollen die Selbstbedienung organisieren, müssen aber wieder lose Ware eintüten.
1964 bestellen die KONSUM-Mitglieder über ihre Kundendienstzentralen die OMEGA-Staubsauger und die Hellerauer Wohnzimmer mit geflammtem Birkenfurnier.
Die Wechselkorbmethode wird eingeführt. Die Ware wird an der Kasse von einem Korb in den anderen gepackt.

Die Landwarenhäuser kümmern sich um die gesunde Ernährung, gestalten »Diätecken«.
In den Gaststätten wird nun auch der Ausleihdienst organisiert. Die KONSUM-Mitglieder können jetzt Tonbandgeräte, Plattenspieler, Kofferradios und in Urlaubsgebieten auch Ferngläser ausleihen. In den Verkaufsstellen leiht man sich Fotoapparate, Zelte, Luftmatratzen, Staubsauger, Eß- und Kaffeeservices, Bestecks und Tischdecken, Fruchtentsafter und Bohnermaschinen. Vom Fahrrad bis zum Wagenheber bekommt man fast alles ausgeliehen.
Die KONSUM-Mitarbeiter müssen NAW-Stunden leisten, um der großen Nachfrage Herr zu werden.

Der Karpfenverkauf wird in verzinkten Badewannen durchgeführt.
Alle Leute wollen die modernen Spezitex-Veredlungen bei Textilien, wie Spezitex-knitterarm, -permanentversteift und -laminiert.
Zu Sonja, Marina und Sahna kommt 1965 auch Goldina-butterfein.
Der »konsument«-Versandhandel verschickt 450000 Kataloge in Bauernhände. Der neue, am 1.1.1965 gegründete Großbetrieb »konsument« mit den vereinigten Warenhäusern, dem Versandhandel und der Bekleidungsindustrie wird fortan der »Große Bruder der Konsumgenossenschaften« genannt. »Mit dem KONSUM auf Du und Du« ist so ein Spruch dieser Zeit.
1966 werden viele Gaststätten auf Selbstbedienung umgestellt. Wegen fehlender Flaschen werden die »Brausefeuerwehren« erfunden, die die rote Brause und andere Getränke aus dem Faß ausschenken.
Der Verkauf von Tropfbier, Überschaumbier und Neigebier wird ab sofort als Lebensmittelfälschung bestraft.
Die Mark heißt jetzt MDN (Mark der Deutschen Notenbank), die erste Tischuhr mit Monozelle ist im Verkauf, für 6 verkaufte Eier bekommt der Tierhalter ein Kilogramm Futtermittel.
1967 hat der KONSUM 4 Millionen Mitglieder. Ab 1. Juni 1967 gibt es nicht nur beim KONSUM die Teilzahlungsmöglichkeit für Kinderreiche. Auf der AGRA in Leipzig macht der KONSUM »Bäuerinnen-Beratungen«.
2 neue »Sportwagen« kommen auf den Markt. Aber keine Autos, sondern Kinderwagen. Sie kommen vom VEB ZEKIWA Zeitz.
Der KONSUM-Versandhandel verschickt 12000 Pakete täglich. 800 Mitarbeiter bearbeiten 21 000 Bestelleingänge an jedem Tag. Es gibt 6000 Bestell-Positionen und 800 000 Stammkunden.

Die Jahresendprämien, die erstmals Anfang 1968 für das Jahr 1967 gezahlt werden, bringen dem KONSUM ein lohnendes Geschäft. Er richtet sich darauf ein, ermittelt den aktuellen Bedarf und beschafft Ware. Auch Heimtrokkenhauben für 175 MDN und die neuen beheizten Stiefel in 6-Volt oder 12-Volt-Ausführung für 164,75 MDN.
1968 eröffnet das KONSUM-Warenhaus in Leipzig neu: 2900 qm fensterlose verformte Alu-Fassade, 1000 Mitarbeiter und 11500 qm Verkaufsfläche.
Aus alten Kneipen sollen kulturvolle Gaststätten gemacht werden. Sogenannte Milieu- oder Erlebnis-Gaststätten. Jägerstuben, Bauernstuben, Broiler- und Wild- Spezial-Gaststätten. In Ahlbeck wird z. B. das »See-Eck« eröffnet, ausgestattet mit Positionslampen, dicken Tampen und Original-Steuerrad.
Nach der Obstschwemme mit riesigen Aufkaufmengen kommt ein harter Winter. Die

KONSUM-Verkaufsstellen versorgen Tag und Nacht. Auch mit Wattejacken und Filzstiefeln aus der Staatsreserve, aber vor allem mit Brot. Die Landgaststätten werden zum Teil provisorische Hotels.

Die Schlangen stehen 1969 nicht mehr vor den Warenhäusern, sondern vor den Kassen.

Der Slogan »Lieber etwas weiter laufen, aber stets im KONSUM kaufen« wird abgelöst durch »Das kriegen wir erst wieder rein«.

1970: Alles in der DDR geschieht zu Ehren Lenins. Man erinnert sich an sein Werk »Über den Genossenschaftsplan«. 1970 ist das »Leninjahr«. »Lenins Rat – Brigadetat«.

In der Presse wird nicht nur über neue KONSUM-Verkaufsstellen in Berlstedt, Berlin, Lalendorf und Ventschow berichtet, sondern auch über Oasengenossenschaften in der algerischen Sahara und über eine KONSUM-Musterverkaufsstelle in Mali, errichtet mit Hilfe von Mitarbeitern des Verbandes der Konsumgenossenschaften der DDR, oder über KONSUM-Verkaufsstellen auf den Weideplätzen in der Wüste Kara-Kum, wo die Persianer-Schafe gezüchtet werden. KONSUM weltweit. Dazu zählt auch die Ausbildung an der Internationalen Genossenschaftsschule in Dresden: von 1961 bis 1988 erhalten sie »1700 Kader aus 40 Staaten«.

In der Land- und Ernteversorgung gibt es Getränke-Stützpunkte, die Pausenversorgung aus gekühlten Behältnissen, den Bestelldienst und den Minuteneinkauf.

Trotz Obst- und Gemüseschwemme gibt's auf Rügen 1973 nur Kohl, Mohrrüben und Zwiebeln.

Aber im Spreewald ist Saure-Gurken-Zeit. Die KONSUM-Verkaufskräfte legen Gurken im Schnellverfahren ein. Die Brühgurke ist ein begehrtes Ding. Das Waschmittel Spee bekommt den zweiten Aufheller, der KONSUM beginnt den Gebrauchtwarenhandel, es gibt zu wenig Mifa-Klappfahrräder. Die Kundendienstzentralen erwerben sich einen guten Ruf. Die Landbevölkerung erspart sich lange Wege in die Stadt.

1974 kommt die Bassow-Methode (Ins Deutsche übersetzt: »Paß uff«). Es geht um Ordnung, Disziplin und Sicherheit, auch um die Unfallverhütung. Was kommt dabei raus? »Kassierer müssens Geld abzählen, man soll sie nicht mit Fragen quälen.«

Das Bademittel BADUSAN schäumt in der Wanne. SUPPINA bringt die neuen Tütensuppen auf den Markt. Schnell macht der Begriff »Faule-Weiber-Suppen« bei den Männern die Runde. Für den Karpfen wird am Jahresende »zweckgebundener« Meerrettich verkauft.

Ab 1975 gibt es in der DDR jeweils am 3. Sonntag des Februar den Tag der Mitarbeiter des Handels, der in jedem folgenden Jahr feierlich begangen wird.

Nicht nur »Nimm ein Ei mehr«, auch »Eiersegen von Millionen Hühnern«, »Hühnerfleiß zum Sommerpreis«, »Eier statt Bockwurst« sind die neuen Werbesprüche. Wegen der Eierschwemme sind Karteien für Eierrezepte in allen KONSUM-Gaststätten zu führen. »Den Tag mit dem Ei beginnen«, »Ei und Ei ist vielerlei«, sind Sprüche, die uns infolge reichlicher Eierproduktion jahrelang begleiten.

Die Zeitung »Der Genossenschafter« kommt ab 1975 nur noch monatlich, nicht mehr 14tägig. Der KONSUM teilt sich in Filialbereiche auf, die jeweils einen Filialbereichsdirektor haben.

1976 werden die »Notizen zum Plan« erfunden. Nicht nur beim KONSUM. Der Verkauf unter dem Ladentisch wird ab sofort als Ordnungswidrigkeit geahndet.

Der KONSUM backt in seinen Bäckereien täglich 11 Millionen Brötchen.

1977 ist das Wort »Gestattungsproduktion« in aller Munde. »Kapitalistische Erzeugnisse« wie bestimmte Tabakwaren, Cinzano-Wein, Trinkfix und Schlagschaum, Schuhe und Parfüms werden jetzt in der DDR produziert. Die DDR erhält das Know-how und die Ausrüstungen aus dem Westen und zahlt die Schulden mit Waren ab. Die Ost-Bevölkerung bekommt, wofür im Westfernsehen geworben wird, aus eigener Produktion.

Die extremen Witterungsbedingungen im Winter 1979 zu 1980 werden unter größten Anstrengungen der KONSUM-Leute gemeistert. Die Versorgung findet mit Schiern, Schlitten, Raupen und Traktoren statt. Viele Orte sind zeitweilig gar nicht erreichbar. Wieder arbeiten Landwirtschaft und KONSUM Hand in Hand. Räumkommandos und NVA-Einheiten werden zur Tages- und Nachtzeit versorgt. KONSUM-Landgaststätten kümmern sich um die Reisenden. Säle und Internate werden zu Behelfsunterkünften für »Liegengebliebene«, denn Autobahnen und Straßen sind zu.

KONSÜ Markkleeberg produziert die beliebten »Englisch Drops«, »Pfeffi« und »Zitrus-Stangen«, die heute wieder gefragt sind, und verwöhnt mit einem speziellen Sortiment die Diabetiker. Ab 1982 gehen die Produkte in den Export, 1983 gibt es eine Goldmedaille für »Pfeffi« auf der AGRA.

Der KONSUM baut die Instandhaltungsbereiche weiter aus. Baut und repariert jetzt zunehmend selbst. Greift zur Selbsthilfe, weil es keine Kennziffern für Baukapazität gibt. Dafür dürfen die Konsumgenossenschaften aus den Kreisen und Bezirken der Republik mithelfen, Berlin attraktiver zu machen. Sie bauen in Berlin Häuser, richten Verkaufsstellen ein, modernisieren und reparieren.

1987, anläßlich der 750-Jahrfeier, eröffnen 20 neue KONSUM-Gaststätten in Berlin.

Der KONSUM veranstaltet in diesem Jahr rund 3 860 Sommer- und Herbstmärkte.

Der KONSUM verfügt über 30570 Verkaufseinrichtungen, darunter 481 Kaufhallen, 157 Kaufhäuser, 16 konsument-Warenhäuser (einschließlich der Berliner Markthalle), 153 Jugendmodeverkaufsstellen, 163 Kundendienstzentralen und 6100 Gaststätten mit 268000 Plätzen. 294 Schulküchen und 268 Gaststätten liefern 42 Millionen Portionen für die Schul- und Kinderspeisung. 70000 Bauarbeiter werden von der Arbeiterversorgung betreut. Mehr als 11000 KONSUM-Handelseinrichtungen kaufen Obst und Gemüse auf.

1988 übergibt der Verband der Konsumgenossenschaften einen Scheck über 4384000 Mark an das Solidaritätskomitee der DDR. Der Warenumsatz der Konsumgenossenschaften beträgt 39 Milliarden Mark, davon 6 Milliarden aus der Produktion konsumeigener Betriebe. Rund 190000 Bürger sind ehrenamtlich in den Verkaufsstellenausschüssen tätig.

Die Berliner Ackerhalle feiert ihr 100jähriges Bestehen.

In diesem Jahr kommen 1,3 Millionen Jeans in den Handel der DDR, 1989 legt man fest, daß es 1990 »bedarfsdeckende« 5 Millionen sein sollen.

Die neue Zeit und der KONSUM in Güstrow

Es hatte eine schnelle Einheit gegeben. Die schnelle DM kam. Die schnelle CDU und ein schneller Kohl hatten ganze Arbeit geleistet. Kaum einer im Osten ahnte damals, wie Kohl & Co das DDR-Vermögen umverteilen und wie viele Millionen Arbeitsplätze dabei vernichtet werden würden.

Sollte es nun den Konsumtod auf Raten geben? Würde er dem Pleitegeier zum Fraß vorgeworfen oder einer hellen, chancenreichen Zukunft entgegengehen? Einer Weiterführung seiner Traditionen? Keiner wußte es.

Wir gelernten Marxisten sagten scherzhaft, daß der liebe Gott einen guten Marxisten niemals im Stich lassen würde. Aber die Harmonie unter den KONSUM-Mitstreitern, der Zusammenhalt, ging schnell verloren.

Die Presse war aktiv wie nie zuvor. Überschriften wie »SED-Seilschaften machen den KONSUM kaputt«, »Die unfähigen Bonzen verscherbeln die Genossenschaft«, »Ausverkauf der Genossenschaft an die westdeutsche Konkurrenz«, »Gewinnbringende Objekte werden verscherbelt« waren an der Tagesordnung.

Hinter der freundlichen Fassade der hilfreichen Eindringlinge aus Richtung West verbarg sich in der Regel Eigeninteresse. Der Gegenwert des KONSUMs an Menschen, Standorten und gesellschaftlichem Gewicht war wirtschaftlich für manches Unternehmen interessant, seine Übernahme konnte Geld bringen oder sogar die Sanierung eines Angeschlagenen bedeuten. Allein an der Zahl derer, die an die Tür des KONSUMs klopften, merkten wir, welchen Marktwert wir verkörperten. Es waren neben seriösen Unternehmen Glücksritter und Schaumschläger dabei. So manch einen, der nicht aufpaßte, erwischte es schnell. Die Vorstände der Konsumgenossenschaften Parchim und Perleberg fanden sich nach dem sofortigen Zusammengehen mit einer westlichen Handelskette und dem Eintritt ihrer Manager in die Aufsichtsräte schon bald in der Gesamtvollstreckung wieder.

Wie viele Immobilienhändler aus westlichen Landen wollten damals auf die Schnelle Mitglied unserer Genossenschaft werden! Für 50 DM Mitgliedsbeitrag mal rasch die Übersicht über Werthaltiges der Genossenschaft bekommen! Wir begriffen, daß wir unsere Immobilien alleine begutachten, pflegen oder wenn nötig auch veräußern konnten. Wir brauchten sie ja, um die Verpflichtungen, die uns gegenüber unseren Beschäftigten auferlegt waren, einzulösen.

Unsere Konsumgenossenschaft durfte nicht untergehen!

Immer wieder fragte ich mich: »Gibt es denn nichts, das man aus der alten Zeit übernehmen könnte. Soll das alles, was wir uns erarbeitet haben, plötzlich wertlos sein?« Die Zeiten von Malimo, Dederon und Goldabgabe beim Kauf eines Ringes waren zwar vorbei, aber die Zeiten von Persil, Dujardin, Leifheit und Gummibärchen sollten ja erst losgehen. Irgendwie lief die neue Zeit gegen uns.

Ich erinnere mich an einen Dr. Sowieso, der sich als Rechtsbeistand und Unternehmensberater anbot. Wir sollten schnell mit ihm am Wochenende nach London fliegen, da gäbe es Banken, die sich bereithielten und die benötigten Kredite ausreichen würden. Solche Abenteuer lockten uns nicht.

Aber wir wollten durchaus unsere Möglichkeiten ausbauen, weitermachen mit dem, was bereits geschaffen war auf unserer konsumgenossenschaftlichen Basis. Mit dem Können und den Ideen der vielen Leute, auf die wir zählen konnten.

Wenn man von den politischen Angelegenheiten, die uns brennend interessierten, einmal absieht, verlief 1989 der Betrieb beim Konsum weitgehend in seinen altgewohnten Bahnen. Da gab es die Vorstandssitzungen im 14tägigen Rhythmus mit haupt- und ehrenamtlichen Vorstandsmitgliedern und in Anwesenheit von Parteisekretär und BGL-Vorsitzenden, die Arbeitsbesprechungen, die wöchentlichen Sitzungen der Versorgungskommission beim Rat des Kreises, die Verkaufsstellen- und Gaststättenleitertagungen, die Auseinandersetzungen um die Warenfonds. Da gab es die Ökonomischen Konferenzen, Genossenschaftsratstagungen im Kreis und Bezirk Schwerin, viele Sitzungen der Verkaufsstellenausschüsse, Sicherheitskonferenzen, Neuerer- und Jugendkonferenzen, die Abrechnung des Planes der technisch-organisatorischen Maßnahmen. Nicht zu vergessen Veranstaltungen wie den Schweriner Sommermarkt, die Weihnachtsmärkte, die Auszahlung der Rückvergütung in den Verkaufsstellen, die Tagungen der Nationalen Front, Parteiversammlungen und das Parteilehrjahr, die Betriebsfeste der Handelsbereiche, die Brigade-Auszeichnungen und vieles andere »KONSUM- und Sozialismuseigene« mehr.

Der KONSUM in der DDR war eben Bestandteil der sozialistischen Wirtschaft und demzufolge zentral geleitet und geplant. Daß er eine Genossenschaftsorganisation darstellte, die ihren Anteilseignern gehörte, spielte zu dieser Zeit kaum eine Rolle. Das Genossenschaftsgesetz galt seit 1960 nicht mehr. Trotzdem waren alle Konsumgenossenschaften in einem Genossenschaftsregister beim jeweiligen Rat des Kreises ordentlich registriert. Nun würde das Gesetz wieder gültig sein und die Grundlage für die Zukunft bilden, wir waren gewissermaßen wieder eine private Genossenschaft, die ihren Mitgliedern gehört. Das wollten wir nutzen. So ganz arm war unsere Genossenschaft schließlich nicht, auch wenn die Abführungen an den Staat zu DDR-Zeiten groß waren.

Wie stark müßten erst die 200 Genossenschaften zusammen sein, wenn sie gemeinsam eine Strategie finden würden! Am besten mit eigenem Großhandel. Von diesem Standpunkt sahen wir die Aussichten für gut an, auch wenn wir wußten, wie die Entwicklung der Konsumgenossenschaften im Westen verlaufen war: Da waren sie nämlich im Laufe der Jahre fast von der Bildfläche verschwunden.

Außerdem war ständig die Frage da, ob wir mit den »Großen« im Einzelhandel, den mächtigen Handelsketten, überhaupt konkurrieren könnten.

Aber die Gedanken kreisten nicht nur um die Zukunft, sondern immer wieder um die veränderten politischen Verhältnisse. Viele zermarterten ihr Hirn über die Frage: »War denn in der DDR nun wirklich alles schlecht?« Sie konnte doch nicht nur aus Fehlern bestanden haben. Sie verkörperte doch immerhin einen Wert von stolzen 600 Milliarden DM, wie kluge Leute errechneten. Wir hatten doch auch fleißig gearbeitet, hatten so oft aus der Not eine Tugend gemacht. Immer wieder Wege gefunden, aus fast nichts doch noch Werte zu schaffen. Waren Weltmeister im Improvisieren. Das hatten wir beim KONSUM und anderswo gründlich erlernt und täglich angewandt.

Der Rückstand im Lebensstandard der DDR gegenüber der BRD lag doch auch darin begründet, daß die für ganz Deutschland zu leistenden Reparationen aus dem 2. Weltkrieg an die UdSSR allein von der DDR aufgebracht werden mußten, während in der BRD der Marshall-Plan die Wirtschaft in Gang brachte. Und nun standen den Bürgern der neuen Bundesländer wieder neue Anstrengungen bevor.

Das Jahr 1990 begann mit dem Kursgeschiebe und mit Kontaktaufnahmen zu den neuen Partnern. Es ging drunter und drüber in diesen Monaten. Schon vor der Vereinigung kamen sie in Scharen aus dem Westen. Sie wußten alles besser, belehrten sehr freundlich, überboten sich in Unverbindlichkeiten, sprachen gepflegt und kompetent über Ware, Logistik, Preise und Standorte. Fast alle hatten einen Fotoapparat dabei! Ein so gut gedüngtes Feld hatten sie wohl noch nie beackern dürfen.

Die westlichen Konzerne bekamen von uns ihre neuen Absatzgebiete, nutzten unsere Standorte, warben unsere Kunden, die heftigen Appetit auf Westware hatten, und arbeiteten auch noch mit unseren Teams. Oft fanden sie willfährige Vorstände in den Konsumgenossenschaften, die leicht zu beeinflussen waren, gelegentlich sogar mit geldscheinknisterndem Händedruck oder dem neuen Auto zu Betriebskonditionen und anderen Versprechungen.

Zum 1. Juli 1990 dann: Ausverkauf der alten Ware zum alten Preis und in alter Währung, Beschaffung der neuen Ware zu neuen Preisen und in neuer Währung. Inventur und Umbewertung in zwei Tagen.

Über Nacht gab es die neue »harte« Währung, die Deutsche Mark. Praktisch von einem Tag auf den anderen, war der Übergang vom Mangel zum Überfluß vollzogen. Und schon kam die Erkenntnis, daß wir mit dem Mangel besser zurechtkamen, als mit dem Überfluß: Die Mangelkrankheiten kannten wir aus dem Effeff, die Wohlstandskränklichkeiten nicht.

»Gravierende Umstellungsbelastungen der Wirtschaft im Beitrittsgebiet im Zuge der Deutschen Einheit« nannte man später das geordnete Chaos oder auch das manchmal heillose Durcheinander, das die Umstellung der »Alu-Chips« auf die Deutsche Mark auslöste. Immerhin mußten in unserer Konsumgenossenschaft an diesem Wochenende zum 1. Juli 1990 sämtliche Warenbestände in 180 der unterschiedlichsten Verkaufsstellen und Kaufhäuser und dazu in den 30 eigenen Gaststätten und denen der Kommissionshändler des KONSUMs aufgenommen und umbewertet werden. Dazu alle Ausstattungen und Arbeitsmittel, die Verpackungsmaterialien bis zur letzten Tüte, jeder konsumeigene Kochtopf und PVC-Teller und jedes Fahrzeugersatzteil und Werbemittel. Das waren viele Millionen DM Bestände, die zu zählen, zu begutachten, zu bewerten und zu sortieren waren.

Bei Dagmar Winkler, damals Leiterin der Prüferabteilung, später in der Genossenschaft als Vorstandsmitglied tätig, liefen die Inventur-Fäden zusammen. Sie erinnert sich: »Über Tausend Mitarbeiter waren an diesem Wochenende Tag und Nacht im Einsatz. Fest stand, daß Inventur und Umbewertung am Montagmorgen um 8 Uhr beendet sein mußten, um dann wieder die Kunden mit einem ordentlichen Angebot, neuen akzeptablen Preisen und auf DM umgestellten Kassen bedienen zu können. Die Banken hatten am Sonntag, dem 1. Juli 1990 die begehrten neuen DM-Münzen und Geldscheine an den Mann gebracht. So wollten unsere Mitglieder und Kunden auch am Morgen des 2. Juli für ihr neues Geld einkaufen. Dafür hatten wir zu sorgen.

Die Aufnahme der Artikel erfolgte in der gewohnten Form. Wir kannten nur die alten Preise und hatten uns auf Durchschnitts-Handelsspannen festgelegt, was manchmal das normale Bild verfälschte. Wäre beispielsweise die Preisveränderung bei Kinderbekleidung, die ja vorher subventioniert war, nach den Preisempfehlungen vorgenommen worden, dann hätte nach dem 1. Juli kein Kunde bei uns ein Stück Kinderbekleidung mehr gekauft. Die Preise waren manchmal um das Sechsfache höher als vorher. Was diese Preisminderungen am Ende für die Konsumgenossenschaft ausmachen würden, wieviel Kapital sie aufzehren würden, das konnten wir zu diesem Zeitpunkt noch nicht ermessen. Die Ernüchterung brachte uns später die Bilanz.

Die Lieferanten waren zum großen Teil nicht Herr der Abrechnungslage, berechneten nach der EDV-Umstellung falsch oder mehrmals. Es wimmelte von unberechtigten Mahnungen. Jeden Tag ging es um Belastungen und Gutschriften. Zugleich hielten sich auch unsere Großabnehmer, wie die LPG mit ihren Werkküchen, mit ihren Zahlungen plötzlich vornehm zurück.

Auf das Steuersystem, das da auf uns zukam, hatten wir uns eingestellt. Daß nun auf jeden Verkauf Umsatzsteuer zu zahlen sein würde, wußten wir. Aber das staatliche Branntweinmonopol, das unweigerlich auf jeden Tropfen Alkohol eine Branntweinsteuer forderte, kannten wir nicht. Sonst hätten wir wohl auch vom NOWEKO-Großhandel am 27. Juni 90 keine Spirituosenlieferung bestellt, die erst nach der Währungsunion berechnet wurde. Wir hatten die Ware längst verkauft, als vom zuständigen Hauptzollamt die Branntweinsteuer eingefordert wurde. Es kam zu einem Rechtsstreit, der erst im Jahre 2003, also 13 Jahre nach der Wende, mit der Rücknahme der Forderung durch das Hauptzollamt beigelegt wurde.

Der millionenschwere Inventurbestand schloß aber auch die Eigenbedarfsartikel, vom Kassenzettel, Abrechnungsformular über die Verpackungsmaterialien bis zur Berufsbekleidung ein. Hier mußte angesichts der neuen Handelskultur am meisten abgeschrieben werden. Im Ratio-Bereich lagerten für Hunderttausende von DM Baumaterialien, die nur noch zum Teil verwendet werden konnten. Auch hier Abwertungen, die nicht gerade zur Stärkung der Genossenschaft beitrugen. Die Transportabteilung hatte auch ihre DDR-gemäßen Bestände. Das waren bei weitem nicht nur die Fahrzeuge. In Garagen und Lagerhallen befanden sich Motoren, Räder und Reifensätze, Kleinteile wie Dichtungen, Vergaser, Bleche und Karosserieteile, ja halbe Autos, die man zur Reparatur anderer Fahrzeuge noch verwenden konnte. Auch davon mußte sehr viel verschrottet werden.«

Die »Generalinventur« war die notwendige Voraussetzung für den Einstieg in die Marktwirtschaft, aber wohl auch die letzte gemeinsame Aktion mit dem großen Kollektiv der Konsumgenossenschaft Güstrow, das sich schon im darauffolgenden Jahr um 50 % reduzierte.

Nun mußten die neuen Warenströme logistisch bewältigt und den hohen Kosten, bedingt durch das zersplitterte Netz der Märkte, entgegengewirkt werden, außerdem mußten die zu geringen Laden- und Betriebsgrößen kompensiert, Läden geschlossen, andere schnellstens modernisiert werden, um dem sofort einsetzenden Konkurrenzdruck standzuhalten. Die Verringerung der Beschäftigtenzahl war notwendig. Dafür mußte Geld her, aber woher nehmen, wenn doch das Geschäft immer schlechter lief.

Zwei Discounter unter dem Namen KODI, sprich KONSUM-Discounter, wurden schnellstens aus der Taufe gehoben, um unverzüglich und billig Ware anzubieten, unsere Kunden und Mitglieder bei der Stange zu halten. Kaum hatten wir den ersten eröffnet, etablierte sich ein paar Tage später ein großer Konkurrent in einer Nachbarhalle. Das setzte sich so fort.

Schwierig war auch die Modernisierung der Läden, die wir weiterführen wollten. Das Mindeste waren neue Anstriche innen und außen, dann bessere Regale und die Verringerung der Stromkosten durch Abbau der überdimensionierten und überalterten Kühltechnik. Es war ja schließlich die Zeit angebrochen, in der nicht auf Vorrat eingelagert werden mußte. Das begriff nicht jeder Marktleiter sofort. Lagerflächen konnten dem Verkaufsraum zugeschlagen werden, aber das war mit Baumaßnahmen verbunden.

Zuerst kassierten Firmen, die Regale oder Displays für ihre Produkte in unsere Märkte stellten, dafür Miete. Oder sie ließen sich die Regale bezahlen. Das war doppelter Gewinn. Sie kamen mit ihrer Ware in die Märkte und kassierten noch für ihre Regale. Daß es an-

KONSUM-Laden in Güstrow, 1915

ders herum ging, nämlich, wer Regale in die Märkte stellen wollte, mußte an die Konsumgenossenschaft zahlen, lernten wir schnell.

Die Anpassungen mußten ohne Liquiditäts- oder Sanierungshilfen vorgenommen werden. Es wurde immer schwieriger, an flüssiges Geld zu kommen.

Was wir über die Zeit oft vergessen, ist die Umstellung der gesamten Buchhaltung auf neue Systeme. Wie wenig hatten wir uns bisher doch mit solchen Kategorien wie Eigenkapital, Deckungsbeiträge, Handelsspannen, Ergebnis vor Steuern beschäftigt. Ein umfangreiches Rentabilitätsrechnen für jeden Markt wurde begonnen und begleitete uns bis zu bittersten Ergebnissen.

Ich war fürchterlich enttäuscht, als wir beim damaligen neugewählten Bürgermeister unsere Probleme vortrugen. Wir hatten für unsere Genossenschaft Unterstützung einfordern wollen. Unser Vorstand konnte so gar kein Verständnis bei ihm und seinem Stadtrat finden. Man fragte uns, ob wir denn über Eigentum verfügten. Es klang so, als ob wir keine Existenzberechtigung im neuerworbenen Kapitalismus hätten. Daß die Stadt Güstrow in den 20er Jahren selbst einmal Mitglied der Konsumgenossenschaft war, wußten sie nicht und es interessierte sie nicht, obwohl unsere Konsumgenossenschaft zu dieser Zeit noch eines der größten Unternehmen der

Stadt war. Sie wurde als Relikt des vergangenen und zu bekämpfenden Sozialismus angesehen.

Wir bewarben uns mit einem ansprechenden Projekt gemeinsam mit einer namhaften Investorengruppe bei der Stadt um den Bau eines dreistöckigen Einkaufscenters im Neubaugebiet, wurden abgewiesen, der KONSUM galt als Altlast.

Die Zeit der Unternehmenskonzepte war für uns gekommen. Zu jeder veränderten Situation entstanden neue Manuskripte. Die Banken und die Öffentlichkeit verlangten es. Immer wieder analysierten wir unsere Lage angesichts immer weiter sinkender Umsätze, neuer Anbieter und damit veränderter Konstellationen.

Die neuen Anbieter mit ihren schreienden Reklamen und Sonderangeboten kamen mit Macht. Einer belegte ein Gelände in Stadtnähe und errichtete ein riesiges Einkaufszelt von 4000 qm Verkaufsfläche. Alle Einwohner fuhren dorthin. Daß der Parkplatz unbefestigt, die Ware dreckig und eingestaubt war, das Zelt keinen richtigen Fußboden hatte, interessierte kaum einen Kunden. Hauptsache billig. Der Konzern muß gewaltige Umsätze und Gewinne in den Jahren gemacht haben, bis die niveauvolleren Märkte fertiggestellt waren und das Riesenzelt wieder abgebaut wurde. Es hatte seinen Zweck erfüllt und unserem ungeeigneten Ladennetz den entsprechenden Umsatzrückgang gebracht.

Nach den nun gültigen Gesetzen sollte alles, was im Boden lag oder draufgebaut war, desjenigen Eigentum sein, dem der Grund und Boden gehörte. Und das war trotz vieler eigener Immobilien in den wenigsten Fällen der KONSUM. Jetzt stellten wir uns die Frage, warum wir uns nie mit dem Grund und Boden beschäftigt hatten. Manchmal war der Grund Eigentum von Privatpersonen, manchmal gehörte er dem Land Mecklenburg-Vorpommern, der Stadt oder der Gemeinde, meistens aber dem Bund. Und der sollte uns das Leben noch schwer machen mit den Foderungen nach Nutzungsentgelt.

Was nach dem Einigungsvertrag diskutiert wurde, nämlich Anteilscheine für die ehemaligen DDR-Bürger am Volkseigentum auszugeben, hätte auch unsere Situation zukunftsweisend klären können. Aber der Vorschlag konnte sich nicht durchsetzen. Und mehr noch: die Ostdeutschen, wie auch wir in den Konsumgenossenschaften, konnten das ihnen gehörende »Volkseigentum« nicht einmal kaufen. Nur sehr wenige Genossenschaften kamen in den Genuß von Landesbürgschaften, die ihnen das Geld verschafften, die Grundstücke zu erwerben.

KONSUM-Kaufhalle in den 80er Jahren

Noch immer in der Illusion, daß es möglich sein müßte, wenigstens die Hälfte aller Märkte zu erhalten und nicht gar so viele Mitarbeiter entlassen zu müssen, kämpften wir angespannt um jeden Laden, egal ob Eigentum oder zur Miete. Wichtig war ausschließlich die Marktfähigkeit.

In der ersten Zeit richtete der KONSUM Güstrow neue Läden ein, modernisierte und rüstete die Kaufhäuser in den Städten um. Auf dem Lande gab es neben Schließungen auch Modernisierungen, sogar einen Neubau. Ein Markt wurde fertiggestellt, der vor der Wende bereits begonnen worden war. Heute ist er ein schmuckes Einfamilienhaus, wie andere Landverkaufsstellen auch.

Das Marketing beim Warenüberfluß mußte erst erlernt werden. Nicht alles wollten die Leute haben. Die mehrfach bereits preisgesenkten Ungarweine, die wir zu DDR-Zeiten alle so liebten, schmorten in den Regalen, und keiner guckte sie an. Man trank jetzt Weine aus der Pfalz oder aus Italien. Also brachten wir die Ungarweine wieder auf ihren Ursprungspreis, schrieben »Sonderpreis« dran, priesen ihre Vorteile und verkauften sie innerhalb weniger Tage.

Die Discounter nach dem ALDI-Vorbild rechneten sich nur wenige Monate, mußten schon bald wieder geschlossen werden.

... nach dem Umbau, Anfang der 90er Jahre

Bei den Industriewaren wurden die Kaufhausleiter nicht gut mit dem Einkauf fertig, verschätzten sich mit dem Bedarf, kauften zu viel, zu teuer, blieben auf den Waren sitzen.

Eine besondere Sorge waren unsere 30 Gaststätten. Kaum einer hatte bei den neuen Preisen in den Gaststätten noch Lust, sein Bier in der Kneipe oder ein Mittagessen in einer unserer Speisegaststätten zu sich zu nehmen. Es blieb nichts anderes übrig, als zu schließen oder zu privatisieren. Einige Gaststättenleiter trauten sich, wollten den Neuanfang. Sie mieteten oder kauften die Gaststätten, versuchten ihr Glück. Bei den wenigsten hat es geklappt.

Ähnlich war es mit den Landverkaufsstellen. Wir redeten mit den Leuten, die Läden privat zu betreiben. Machten Schulungen und Einweisungen. Die meisten wollten zwar gern Verkäuferin, aber nicht Eigentümer und Unternehmer sein. In vielen Fällen, wenn Mitarbeiter sich zur Übernahme entschieden hatten, konnten wir den Kaufpreis für die Läden mit den Abfindungen verrechnen. Da hatten dann beide etwas davon, der Mitarbeiter und der KONSUM. Aus heutiger Sicht muß man sagen, daß es auch hier die wenigsten geschafft haben. Stubenläden können kaum rentabel sein.

Ein Problem in ungeahntem Ausmaß wurden die Einbrüche: Man

stieg durch die Wellasbestdächer, Keller, Luken und Leichtbauwände ein. Oft wurden auch die Schaufenster eingeworfen. Glaser, Schmiede, Maurer und Schlosser hatten durch die täglichen Aufträge des KONSUMs Hochkonjunktur. Eine Landmarkt-Leiterin brachte in ihrem Markt ein Schild an, worauf zu lesen war: »Liebe Diebe! Schnaps und Zigaretten haben wir weggeschlossen. Da kommt Ihr nicht ran. Macht bitte nichts kaputt. Die Verkäuferin.« Die Herren Diebe haben sich nicht daran gehalten. Sie fanden alles.

Aufgeklärt wurden die wenigsten Einbrüche. Ich kann heute nicht exakt beziffern, was sie die Konsumgenossenschaft gekostet haben. Aber an Gebäude- und Glasschäden, an Aufwand für Reparaturen, an Alarmanlagen, an Sicherheitsdiensten und an gestohlener Ware kamen mehrere Millionen zusammen.

Nachdem sich zunächst die Versicherungen um uns gerissen hatten, wollten sie uns schließlich nicht mehr. Wir waren ihnen ganz einfach zu teuer geworden.

Aber es wurde nicht nur nachts gestohlen, das tat man auch während der Öffnungszeiten. Trinker, Rowdys und manche, denen man es nicht zutraute, »bedienten« sich oft nach Belieben. Versteckt oder sogar öffentlich. Ich werde nie vergessen, wie in einem unserer Supermärkte ein Mann mit gezücktem Messer auf eine Verkäuferin und mich losging, weil wir ihn beim Unterbringen eines gefrorenen Goldbroilers unter seine Trainingsjacke erwischt hatten. Es war eine Groß-Familie, die sich gerade einen Wochenvorrat klaute, denn sie waren, wie wir dann sahen, mit einem Handwagen da, der nach und nach vor der Tür beladen wurde.

In einem ländlichen Markt bedrohte ein Mann mit einem Elektroschocker die Verkäuferin.

Der Leiter eines Supermarktes rannte einem mit einer Flasche Korn weglaufenden Dieb hinterher, stolperte und brach sich ein Bein. Ein Vierteljahr fiel er aus. Er schwor, nie wieder einem Langfinger hinterherzulaufen!

Wie abwechslungsreich doch die Handelstätigkeit war!

Ladenschließungen, Personalabbau und Strukturveränderungen beschäftigten uns täglich. Rentabilitätsberechnungen und Standortanalysen gehörten zur Schreibtischgarnitur. Und immer wieder neue Stellenpläne. Es mußte verantwortungsbewußt gerechnet werden, denn es waren weitreichende Entscheidungen zu treffen. Betraf es doch nicht nur einen Laden mit Ware, sondern in jedem Fall Menschen. Menschen, die wir kannten, mit denen wir verbunden waren, deren Arbeit die Konsumgenossenschaft manchmal lange Jahre begleitet hatte. Und es standen auch unsere Mitglieder dahinter, die wir ebenfalls nicht enttäuschen wollten, auch wenn viele von ihnen nun anderweitig und nicht mehr im KONSUM einkauften.

Die Umsatzrückgänge wurden von Monat zu Monat drastischer. Im Verhältnis zu den Umsätzen waren die Personalkosten so hoch, daß sie sofort das Unternehmen vernichtet hätten, wäre es nicht immer wieder gelungen, durch Verkäufe von Immobilien das nötige Geld für Abfindungen heranzuschaffen. In jeder Sitzung des Vorstandes wurden die notwendigen Entlassungen beraten. Sozialpläne und Interessenausgleich mußten her. Die Vokabel »Besitzstandswahrung« kam immer wieder ins Gespräch. Es wurde hin und her überlegt, was man bezahlen konnte, und was nicht. Dabei mußten wir im Verlaufe der Jahre die fundamentale Erkenntnis machen, daß kein Folge-Sozialplan billiger wurde als der frühere.

Immer wieder setzte unser Vorstand das Thema Fusion auf die Tagesordnung. Wir waren überzeugt, daß im Verbund der elf Konsumgenossenschaften im Schweriner Raum ein Überleben möglich sei. Geschickte Vertriebslinien, schlanke Struktur, Profitcenter, gebündelter Einkauf, Abbau der elf Verwaltungen in vier Geschäftsstellen wollten wir gemeinsam verwirklichen, um mit der »Konsumgenossenschaft Westmecklenburg e.G.« erfolgreich zu wirtschaften.

Nach einer umfassenden Wirtschaftsprüfung stellten wir fest, was schon befürchtet wurde. Einige Genossenschaften waren nicht mehr lebensfähig, die anderen durch die hohen Verluste bereits erkrankt. Und aus elf Kranken einen Todkranken zu machen, verbot sich von selbst. Die Fusion, so gut sie gedacht war, fiel ins Wasser.

So kehrten die »nach Schwerin zur Fusions-Konsumgenossenschaft Delegierten« nach erfolglosem Versuch in ihre kleine Konsumgenossenschaft zurück und versuchten ihren Weg allein. Der Verband Schweriner Konsumgenossenschaften ging auf Beschluß der Genossenschaften, die eigentlich den Zusammenschluß wollten, in die Liquidation.

Der Vertrag mit der Kette

Den schlauen Fritz gelüstete es am Beginn der 90er Jahre nach Freiheit. Schon als kleiner Junge hatte er sich den Zwängen der Familie opfern müssen, wie er meinte. Im elterlichen KONSUM-Laden werkte er nach der Schule mit. Tütete als »billige Arbeitskraft« seiner Eltern Mehl, Zucker, Graupen, Grütze und Erbsen ein, briet Klopse oder machte Bockwürste heiß. Bei den Inventuren zählte und wog er fleißig mit, räumte Regale ein, putzte und wischte. Auf Sauberkeit legten seine Eltern großen Wert. An den Wochenenden, wenn Feste im Dorf stattfanden, mußte er im LPG-Saal Gläser spülen, am nächsten Morgen die Ordnung wiederherstellen, Stühle und Tische rücken. Seine Eltern nahmen ihn immer mit, auch wenn die Jugendschutzverordnung es verbot. Denn wenn es etwas im Ort zu versorgen gab, dann übernahmen das Johannes und Maria, die vom KONSUM.

Der Kleine, wie er stets genannt wurde, machte überall mit. Wenn er am Ergebnis des Handels seiner Eltern auch nur mit ein paar Groschen beteiligt war, schärfte das offensichtlich seinen Geschäftssinn. So kam es nicht von ungefähr, daß er den edlen Beruf des Verkäufers erlernte. Sein Gebiet wurden die Industriewaren, seine Ergebnisse in der Lehre bei der Konsumgenossenschaft waren nicht schlecht, und so wurde der kleine Fritz zur Fachschule des KONSUMs in Blankenburg delegiert, wo er sich das Rüstzeug für einen Kaufhausleiter erwarb. Er mußte auf seinen Einsatz noch etwas warten, durchlief die Verwaltung des Kreiskonsums und lernte dort viele Leute kennen, die später »in sein KONSUM-Kaufhaus« einkaufen kamen. Sie hatten ihn in die Geheimnisse der Genossenschaft eingeweiht, nun konnte er sich mit guter Beratung und UT-Ware revanchieren. Sich selbst und sein Kaufhaus entwickelte er tatkräftig. Es wurde rekonstruiert, vergrößert, »den gestiegenen Bedürfnissen angepaßt«, wie er sich stets ausdrückte.

Als die Wende alles veränderte, sah er die Zeit gekommen, die alten Zwänge abzustreifen und ein »freies« Leben zu leben. Immer war seine Existenz von Zwängen geprägt. Zu Hause und beim KONSUM.

Sein Kaufhaus war eines der Vorzeigeobjekte des KONSUMs geworden, auch nicht gerade eines der kleinsten. Das, meinte er, könnte der Ausgangspunkt für die Chance seines Leben sein.

Während der Vorstand seiner Konsumgenossenschaft fieberhaft die »marktwirtschaftlichen Wege« für das Kaufhaus erwog, wandelte Fritz auf undurchsichtigen Pfaden. Zunächst merkte niemand etwas von seinen Heimlichkeiten. Höchstens daß, wie überall, gepflegt aussehende Herren ein und aus gingen und mit Fritz hinter verschlossenen Türen redeten.

Irgendwann im Jahre 1990 kam ein Gerücht auf, an das zunächst kaum einer glauben wollte. Es wurde getuschelt, daß der Kaufhausleiter Fritz den Weg des KONSUMs nicht mitgehen, sondern sich mit einer westlichen Handelskette verbünden wolle. Als dürfe er das! Er, der ein Angestellter der Konsumgenossenschaft war, hatte das Haus in ihrem Auftrag zu leiten, den Einkauf und den Verkauf zu gestalten, andere Vollmachten hatte er nicht.

Es war was dran an der Sache.

Fritz war dabei, ein für ihn selbst äußerst vorteilhaftes Süppchen zu kochen, hatte mit der besagten Warenhauskette und ihren Anwälten hinter dem Rücken seiner KONSUM-Chefs in der Kreisstadt und unter Berufung auf eine Eintragung im DDR-Genossenschaftsregister seine Warenhaus-GmbH, vertreten durch Fritz, gegründet. Im Trubel der Wende-Ereignisse hatte er doch glatt das schöne Kreisstadt-KONSUM-Kaufhaus mit Mann und Maus und Warenbestand an die Warenhauskette verscherbelt und sich selbst zum Geschäftsführer machen lassen!

Der Vertrag war bei einem Notar protokolliert und abgeschlossen worden. Mit einem Stammkapital von bemerkenswerter Größenordnung, darunter der weitaus größere Teil von der Warenhauskette und eine kleinere Summe von Fritz als Bareinlage.

Irgendwann wußte jeder, der Leiter des Kaufhauses war nicht nur abtrünnig geworden, er stellte sich auch noch als berechtigter Vermieter der KONSUM-Immobilie dar. Und versprach den Angestellten volle Westgehälter. Die waren natürlich begeistert.

In seiner Konsumgenossenschaft war man ob soviel Frechheit und Dreistigkeit schockiert. Das war nicht nur Verrat am KONSUM, das sah auch nach Ausverkauf der DDR aus. Aber rechtswidrig war es auf jeden Fall.

Die Konsumgenossenschaft beauftragte einen Rechtsanwalt, der erst einmal klarstellte, daß Fritz über das Kaufhaus nicht verfügungsberechtigt war. Es gehörte einzig und allein der Genossenschaft.

Es folgte die fristlose Entlassung von Fritz. Aber Fritz ging nicht, wollte an seinem neuen und einträglichen Vertrag mit der Warenhauskette festhalten, und die als Nutznießer der ganzen Sache natürlich ebenfalls. Er hatte wohl noch das inzwischen überholte DDR-Arbeitsrecht im Sinn, bei dem der Werktätige immer Recht behielt. Das Gerangel zwischen Fritz und seinem eigentlichen Arbeitgeber, der Konsumgenossenschaft, dauerte noch eine ganze Weile, bis er endlich mit hängendem Kopf das Feld räumte.

Wegen des noch immer bestehenden Notarvertrages machte sich der Anwalt auf zu dem Notar des Vertrauens von Fritz und seiner Kette und zeigte ihm, daß er einem fatalen Irrtum unterlag und einen Vertrag beurkundet hatte, der null und nichtig sei. Der Anwalt erteilte dem Notar gewissermaßen ein »juristisches Seminar«. Der Notar mußte zur Kenntnis nehmen, daß es in der DDR ein Register für die volkseigene Wirtschaft und eines für Genossenschaften gab, in das auch deren nachgeordnete Betriebe eingetragen wurden. Er mußte genauso zur Kenntnis nehmen, daß es auch im Osten fähige Juristen gab. In diesem Fall mit einschlägiger KONSUM-Erfahrung.

Der Vertrag wurde annulliert.

Die Warenhaus-Kette suchte ihre Chance und klagte.

Die Klage wurde abgewiesen.

Ein Filetstück des KONSUMs war gerettet.

Der Fischzug gen Osten

Wir schreiben Anfang 1991, das Jahr 1 der neuen Zeitrechnung im vereinten Deutschland läuft.

Hektor Hecht, gebräunt und gutaussehend, Typ Sonnyboy, immer dezent parfümiert, um den leichten Fischgeruch nicht ausströmen zu lassen, ist ein Mann im besten Alter. Windig ist er, und, von den Schuppen mal abgesehen, fischig glatt. Seine Eltern haben ihm den Vornamen des berühmten Helden des Troischen Krieges gegeben, und sein Familienname deutet auf den Raubfisch aus den eurasischen Gewässern hin, dem man Gefräßigkeit nachsagt. Er ist Inhaber eines kleinen Angel-Zeug und -Zubehör-Vertriebs: »Hechtblinker in aller Welt«, wohnt und handelt im Hinterland, in einer kleinen Stadt im Niedersächsischen.

Hecht sitzt an seinem Schreibtisch. Er denkt über die immer schlechter laufenden Geschäfte nach und vor allem darüber, wie man der Lage Herr werden kann. Was nützt einem der knallige Werbeslogan, wenn die Umsätze nicht kommen. Was nützt einem eine bemittelte Ehefrau, wenn sie auf ihrem Geld sitzt, man selbst sich aber finanziell nicht so bewegen kann, wie man möchte.

Unaufhörlich schielt er in Richtung Osten, wo noch der große Fischzug zu machen sein soll. Die Wogen der Marktwirtschaft schlagen zur Zeit so hoch wie die Wogen der Ostsee, wenn der Sturmball gezogen ist. Und er weiß von vielen, die schon erfolgreich im Osten gefischt haben.

So hat zum Beispiel sein Freund Gottfried Fischer, ein Unternehmensberater aus der Nachbarschaft, im Osten seine Netze ausgeworfen und erste Fänge eingeholt. Er ist kürzlich in den Aufsichtsrat einer, wie man hört, wohlhabenden und nicht unbedeutenden Handels-Genossenschaft auf dem flachen Lande Mecklenburg-Vorpommerns gewählt worden. Sein unternehmerischer und auch juristischer Rat sind gefragt. Und er weiß nur zu gut, daß man Fische mit Angeln, Netzen und Reusen, Menschen aber mit Worten fangen kann.

Ein kurzer Anruf bei Freund Gottfried, und am gleichen Tag wird in seinem Büro offen über die Zukunft gesprochen.

Die Genossenschaft braucht zufällig einen neuen Vorstand, der »muß aus dem Westen sein«. Einen Marketing-Mann, der Pfiff ins Unternehmen bringt. Um den trägen Ost-Karpfen einen tollen

FISCHWAREN – IN ALLEN JAHRESZEITEN DIE GESUNDE KOST
FISCH-
KONSERVEN
SOCRA
ТРЕСКА
Saßnitzer
JMPORTE AUS DER SOWJET-UNION, DEN VOLKSDEMOKRATISCHEN LÄNDERN
UND DER AUFBAU UNSERER FANGFLOTTE BRINGEN BESSERE AUSWAHL.

Hecht ins Wasser zu setzen, damit sie sich besser und schneller bewegen.

Schließlich muß ein Betrieb mit vielen Millionen Umsatz und Hunderten von Mitarbeitern auch in der Lage sein, anständig zu zahlen. Da stört es wenig, wenn man nur eine dürftige Ausbildung zum Kaufmann hat. Man kann ja sagen, daß man in mehreren Unternehmen in leitender Stellung tätig war. Wer kontrolliert das schon. Außerdem ist da auch noch Gottfried, der wird alles bestätigen, was in der Bewerbung steht.

Und es klappt. Hektor Hecht wird Vorstandsmitglied für Marketing, zuständig für den Ein- und Verkauf von Lebensmitteln und Industriewaren aller Art. Er tritt noch schnell in die Genossenschaft ein, damit auch alles seine statutarische Ordnung hat. Auf Empfehlung Gottfrieds stimmt der Aufsichtsrat der Bestellung des »in der Leitungstätigkeit erfahrenen und erfolgreichen Marketing-Managers« zu.

Mit dem Gehalt von 240000 DM pro Jahr gibt es nur kurzzeitig ein Problem. Der neue kann ja nicht so viel mehr verdienen als der altgediente Vorstand! Ein Scheinvertrag wird gemacht über monatlich 10000 DM zuzüglich Kosten und Auslagen, dazu ein Beraterhonorar für Ehefrau Helene in Höhe von noch einmal 10000 DM. Für die Beratung sind keine Leistungen zu erbringen, alles nur fingiert. Das ist zusammen so in etwa das Gleiche wie vertraglich vereinbart. Und noch ein Extra für unseren Hecht: Ein Schiffchen mit dem Stern auf der Motorhaube für monatliche Leasinggebühr von 2000 DM netto, damit man komfortabel und zügig zwischen Wohn- und Arbeitsort pendeln kann.

Die Laufzeit des Dienstvertrages ist zunächst für ein Jahr festgelegt, wird aber bald auf »in diesem Geschäft üblichen« fünf Jahre verlängert, obwohl schon erste Differenzen bestehen. Denn aus einem kleinen Tümpel in einen größeren See zu wechseln, ist auch für einen tollen Hecht nicht ganz einfach. Doch die vorhandenen Wissenslücken überdeckt er mit Anglerlatein.

Und Gottfried Fischer ist ja zu diesem Zeitpunkt noch da. Als ein halbes Jahr später ein Sturm in der Vertreterversammlung Gottfried als Vorsitzenden des Aufsichtsrates hinwegfegt, hat das auf die Hecht-Anstellung keinen Einfluß mehr. Der Vertrag ist maschenfest. Die Genossenschaft zappelt bereits im Netz.

Soviel zur Vorgeschichte. Nunmehr bereitet der Herr Hecht seinen ersten Fang vor.

Ein Vertrag zwischen der alten und der neuen Firma ist für ihn ein kleiner Fisch. Die 400 Angelausrüstungen, die die eigene Firma finanziell belasten, müssen von der Genossenschaft gekauft werden. Schließlich kann er für beide Partner als Kapitän auftreten. Die Ruten, Reusen, Haken und Blinker werden paketverschnürt in die Genossenschaft geschickt. Die Ware wird auf die Verkaufsstellen aufgeteilt und erhöht deren Lagerbestand. Verkaufsaussichten bestehen nicht, zumal der nächste See in 20 km Entfernung liegt. Die Angel-Firma bekommt sogleich das Geld überwiesen, und Hecht lutscht genüßlich einen Fishermen's Friend.

Es kommt doch alles gut in Gang. Die Mitarbeiter schätzen ihn wegen seines smarten, kapitänsartigen Äußeren. Man himmelt ihn geradezu an.

Eine Mikrowelle muß angeschafft werden. Das ist eigentlich nicht erwähnenswert, aber kennzeichnend für die Lebensweise des Herrn Hecht. Er ist ein gesunder Fisch. Immer wenn er auf der Reise von seinem Heimatort in die Verwaltung der Genossenschaft ist, ruft er von seinem Schiffstelefon aus an, daß die Mitarbeiterin Schwanhilde Seemann ihm seine Möhrchen und andere junge Gemüsesorten schon dünsten möge, er käme gleich in die Firma. Die Mitarbeiter machen es gerne für ihren außergewöhnlichen Käpt'n. Überhaupt, sein Arbeitsstil ist völlig anders als der bekannte und gewohnte.

Wichtigste Maßnahme ist nicht die Modernisierung der Geschäfte der Genossenschaft, sondern die Modernisierung seines Büros. Daneben führt er nach Dienstschluß ein aufwendiges Hotelleben. Nicht genug, daß er eine Arbeitswoche von Dienstag bis Donnerstag hat, montags und freitags sind seine Schiffahrtstage, nein, er verursacht auch im Hotel – ganz nach den Festlegungen seines Anstellungsvertrages – jede Menge Kosten. Eine Wohnung zu mieten, was erheblich billiger gewesen wäre, lehnt er ab, weil kein Ankerplatz für das Schiff vorhanden ist. Auch kann man in einem komfortablen Hotel besser repräsentieren.

Und so kommen denn die Spesen- und Speisenrechnungen. Ein kleiner Hecht frißt Wasserflöhe, ein ausgewachsener jedoch Rotaugen und Barsche oder fleischliches Getier. Er rechnet auch Massagen, Bad- und Saunabesuche und jeden Monat neue Taschenrechnerbatterien ab. Auch wenn keiner so recht weiß, was er abends, bevor er seinen geschundenen Hechtrücken zur Ruhe ausstreckt, noch ausrechnet.

In der Genossenschaft wird ihm inzwischen vorgehalten, daß er keine ordentlichen Konzepte vorweisen und keine solide Vorstandsarbeit leisten kann, ein schlüpfriger Vorstandsfisch ohne Gräten eben.

Er erteilt zum Beispiel Einkaufsverbote an die Ladenleiter mit verheerenden Umsatzeinbußen, schließt Verträge über Telefonleistungen zu äußerst ungünstigen Konditionen ab, organisiert enorm teure Schulungen für die Mitarbeiter, die ohne praktischen Nährwert sind, und schließt einen lukrativen Beratungsvertrag mit einem Herrn, dem er wohl noch einen Gefallen schuldete. Der vertragswidrigen Abrechnung von Spesen und Auslagen wird er überführt. Seinen Urlaub an ausländischen Gewässern, wo er standesgemäß hinschifft, unterbricht er auf Kosten der Genossenschaft, kommt mit Flugzeug und Mietwagen, nur um Unterschriften zu leisten und Freizeitmessen zu besuchen.

Ein Jahr später, nachdem sich die Fronten total verhärtet haben und der neue Aufsichtsrat zu der Erkenntnis gelangt, daß es ohne diesen Süßwasser-Raubfisch besser gehen würde, trennt man sich Knall auf Fall von ihm, wirft ihn ins Wasser.

Erst wird er mit sofortiger Wirkung abberufen. Etwas später bestätigt die Vertreterversammlung die sofortige Abberufung nachträglich. Danach erfolgt die fristlose Kündigung des Anstellungsvertrages des Herrn Hecht durch den Vorsitzenden des Aufsichtsrates.

Der neue Aufsichtsrat hat zugeschlagen!

Nur hat er, wie eben zu lesen war, auch ein paar Formfehler gemacht.

Was nun kommt, ist noch nicht das Nachspiel, denn genaugenommen geht es jetzt erst richtig los.

Die Genossenschaft meint, ordnungsgemäß gekündigt zu haben, und zwar fristlos aus wichtigem Grund, nämlich weil Hecht seine Stellung zum eigenen Vorteil mißbraucht hat, und listet alle Tatsachen auf, aus denen sich die Gefräßigkeit des Fisches ergibt. Die rechtliche Vertretung des Hechtes behauptet genau das Gegenteil und fordert für ihren Mandanten die Einhaltung des Anstellungsvertrages, und zwar bis zur Beendigung der Vertrags-Laufzeit. Hecht hätte schließlich seine ganze Persönlichkeit in den Dienst der Genossenschaft gestellt und keineswegs im Trüben gefischt. Beide Seiten geben nicht nach. Die Genossenschaft braucht ihr hart erarbeitetes Kleingeld, und der Hecht stellt seine Flossen auf stur. Es folgt ein mehrere Jahre andauernder Rechtsstreit, ein Instanzenkreuzzug, der seinesgleichen sucht. Arbeitsgericht, Landgericht, Oberlandesgericht, Bundesgerichtshof. Schriftsätze, Verträge, Klagen, Berufungen, Urteile, Zahlungen. Die Vorstandsmitglieder, die nach der Hecht-Zeit die Geschicke der Genossenschaft bestimmen, brauchen Nerven wie Angelsehnen.

Der Handelsgenossenschaft wird schließlich die ganze finanzielle Last des Anstellungsvertrages aufgebrummt. Die Gerichte vertreten schlußendlich die Auffassung der Hecht-Seite. Der Hecht ist nun nicht nur sauber, er kann auch kassieren; fette Beute für Hektor und Helene, die Fischzügler auf ihrem Trip in den Osten. Die Hechtsuppe ist gargekocht und riecht kräftig. Addiert man, was die Genossenschaft an Hecht, an die Anwälte und an Zinsen zahlen muß, so kommt mehr als eine stolze Million zusammen. Die Verluste, die durch die dilettantische Arbeit des Herrn Hecht entstanden sind, nicht mitgezählt. Daß die Genossenschaft trotzdem über die Klippen gebracht wurde, ist nur der Umsicht der jetzt tätigen Vorstandsmitglieder zu danken, die nunmehr ihre Fischzüge ohne Reusenräuber ausführen kann.

Juristische Auskünfte aus erster Hand

Drei Gegebenheiten haben jahrelang die Existenz des Berliner KONSUM-Verbandes gefährdet: die Globalbürgschaft als Lebenshilfe für die vielen kleinen Konsumgenossenschaften, das vom Bund geforderte Nutzungsentgelt und die Altschulden der Industrie. So der ehemalige Chefjustitiar René Sittner, der seit dem Jahre 2002 Mitglied des Vorstandes ist.

»Meine Aufgabe war es, durch die Anwendung von Recht unser KONSUM-Vermögen zu sichern. Aussitzen ging bei den vielen offenen Fragen nicht, also mußten wir ran an die Probleme. Das war von Anfang an so. Bis 1999 haben wir stets reagiert, also alles, was gegen uns vorgetragen wurde, abgewehrt. Oft mit Erfolg, aber nicht immer. Jetzt agieren wir. Schauen nach vorne. Der KONSUM wurde in den vergangenen Jahren oft an die Wand gedrückt. Wir arbeiten nun mit viel Aufwand daran, unsere Ansprüche gegenüber Dritten auszufechten.

Der Gesetzgeber glaubte 1990 im Einigungsprozeß, für die Konsumgenossenschaften sei alles geordnet. Kein Handlungsbedarf. Deshalb wurde für diese Genossenschaften gerade nichts geregelt.

Unsere Basis ist nach wie vor das Genossenschaftsgesetz, danach arbeiten wir. Sonst gab es für den KONSUM nichts. Für die VEB gab es die Treuhand-Gesetze, für LPG, Wohnungsgenossenschaften, die PGH, die Raiffeisen-Genossenschaften gab es Verordnungen, so daß diese wußten, wie es weiterzugehen hat, z.B. wie der Grund und Boden verbilligt erworben werden konnte oder ähnliches.

Der KONSUM hatte selbstverständlich genossenschaftliches ›Privateigentum‹. Nachdem das begriffen war, wurde es Gott sei Dank auch nicht angetastet. Der Gesetzgeber hatte wohl versucht, zu Beginn des Jahres 1990 den KONSUM in die Treuhandgesetze mit einzubinden, aber sehr schnell bemerkt, daß er mit dem genossenschaftlichen Eigentum so nicht umgehen konnte. Obwohl der KONSUM neben seinem Eigentum auch Volkseigentum in Form von Grund und Boden und Gebäuden nutzte, gab es für ihn keinerlei rechtliche Regelungen, wie ein etwaiger Erwerb oder die künftige Nutzung dieser Immobilien zu erfolgen hätte. Auch hatte der KONSUM oft aus eigenen Finanzmitteln Gebäude auf ehemals volkseigenem Grund und Boden errichtet.

Wie sollte sich diese Nutzung nun künftig gestalten?

Damit begannen die Ungewißheiten ...

Alle Entscheidungsträger beim KONSUM wußten 1990 sehr genau, daß sie in Gebäude und Ladenausstattungen investieren mußten, um marktfähig zu werden. Es stand aber wegen der ungeklärten Immobiliensituation nur wenig beleihungsfähiges Vermögen zur Verfügung. Notwendige Kredite konnten damit nicht ausreichend besichert werden. Die Banken hatten ihre Richtlinien zur Absicherung von Krediten, und davon wichen sie nicht ab.

Der Verband übte Solidarität, half den Genossenschaften, indem er als eine solche Sicherheit eine Globalbürgschaft für viele bedürftige Konsumgenossenschaften ausreichte, gab damit konkrete Überlebenshilfe, die aber für den Verband sehr teuer war.

Damals ahnte man im Vorstand des Verbandes noch nicht, daß das Unternehmen damit noch ein ganzes Jahrzehnt zu kämpfen haben sollte. Immerhin wurden den Konsumgenossenschaften Sicherheiten in dreistelliger Millionenhöhe gewährt. Aber viele Genossenschaften wären ohne die Globalbürgschaft ihres Verbandes sofort in Gesamtvollstreckung gegangen. Sie war für viele Genossenschaften lebenserhaltend.

Wenn die Konsumgenossenschaften mit ihren Millionen Mitgliedern zwischen Lobenstein und Rostock alle zum gleichen Zeitpunkt 1990/91 vor dem Aus gewesen wären, dann hätte es bestimmt in den neuen Ländern Aufruhr gegeben. Damit wäre der Gesetzgeber sicherlich aufmerksam geworden, und hätte etwas tun müssen. Mit einer gesetzlichen Regelung hätte manch eine Genossenschaft, die es heute nicht mehr gibt, vielleicht noch gerettet werden können.

Trotzdem haben viele Genossenschaften den Sprung in die Marktwirtschaft geschafft. Da ist der Verband dann aus der Globalbürgschaft entlassen worden. Die Bürgschaftsverpflichtung hat sich dadurch reduziert. Bei anderen ist sie ›gezogen‹ worden, weil Umstände dazu kamen, die das Konzept dieser Genossenschaften in Frage stellten. Das kostete dann bares Geld.

Vieles, was wir heute tun, läuft immer noch darauf hinaus, den damaligen Verpflichtungen gerecht zu werden.

Nach 1990 wurde der ehemals volkseigene Grund und Boden nach den Regelungen des Einigungsvertrages der Bundesfinanzverwaltung in treuhänderische Verwaltung gegeben. Die Konsumgenossenschaften sahen sich gezwungen, diesen Boden und auch teilweise Gebäude vom Bund zu marktüblichen Konditionen anzukaufen. Hierzu gab es massenhaft Kaufanträge. Unsere Genossenschaften wußten oftmals nicht, wer der jeweilige und konkrete Ansprechpartner beim Bund sein sollte, wer verkaufsberechtigt ist, bevor man überhaupt von Verkaufsbereitschaft sprechen konnte.

Die Zuordnungsverfahren liefen über viele Jahre. Teilweise sind sie heute noch nicht abgeschlossen. Viele dieser Flächen waren mit Restitutionsansprüchen nach dem Vermögensgesetz belastet. Das machte sie bis zur Bestandskraft der behördlichen Entscheidung unverkäuflich. Das Amt zur Regelung offener Vermögensfragen mußte entscheiden, ob ein Verkauf stattfinden konnte.

Selbst wenn das Vermögensamt den Anspruch abgelehnt hatte, waren Widersprüche und Klagen vor dem Verwaltungsgericht, die sich oft auf 3–4 Jahre hinzogen, so hinderlich, daß es sich nicht mehr lohnte, hier tatsächlich etwas anzukaufen. Investitionen waren damit unmöglich geworden. Die Zeitverzögerung lief gegen den KONSUM. Erschwerend kam hinzu, daß viele Grundstücke, auch Warenhäuser, mit Ansprüchen von Bürgern jüdischen Glaubens oder der Jewish Material Claims against Germany belastet waren. Das zögerte die Entscheidungen wegen schwieriger Sachlagen weiter hinaus und verkomplizierte die Situation noch mehr.

Da die Konsumgenossenschaften zu DDR-Zeiten sowohl eigenes wie auch volkseigenes Vermögen nutzten und das ehemalige ›Volksvermögen‹ jetzt dem Bund gehörte, war eine völlig neue Situation eingetreten. Plötzlich waren massenhaft Immobilien des KONSUMs, die von ihm gebaut, modernisiert und erhalten worden waren, de jure Eigentum des Bundes geworden. Irgendwann erkannte der Bund, daß der KONSUM seinen Grund und Boden nutzte, wofür er zur Kasse gebeten werden konnte, nämlich mit Nutzungsentgelt. Die Verhandlungen mit den Bundesministerien für Justiz und Finanzen scheiterten vorerst, weil keine Einigung darüber zu erzielen war, daß die Konsumgenossenschaften den Grund und Boden zu bevorrechtigten Konditionen erwerben konnten. Dann wären sie auch bereit gewesen, Nutzungsentgelt an den Bund zu zahlen. Zu einer Vereinbarung kam es zunächst nicht. Die Kosten für die Grundstücke standen zu oft nicht in betriebswirtschaftlicher Relation zu den Erlösen, die durch Eigenbetrieb oder Vermietung der Verkaufseinrichtungen zu erzielen waren. Dadurch war natürlich die Ertragsfähigkeit eingeschränkt bzw. unwirtschaftlich.

In den Verhandlungen mit dem Bund gab es leider zu Beginn kaum eine Vertrauensbasis

oder gar Verständnis für die eingetretene Situation. Es herrschte zum damaligen Zeitpunkt immer eine ziemlich frostige Stimmung. Daher war auch alles sehr langwierig. Es gab kein Vorwärtskommen. Die verantwortlichen Beamten vom Bundesfinanzministerium argumentierten immer nur: ›Wenn der KONSUM fremdes Eigentum nutzt, dann muß er auch dafür zahlen.‹ Der Einigungsvertrag und das Bürgerliche Recht haben es so bestimmt.
Der Bund ging aufs Ganze, als er Anfang 1997 gerichtlich Mahnbescheide über 320 Millionen DM an den Konsumverband beantragte.
Nun hatte der Bund mit dieser auch ökonomisch wohl eher lächerlichen Forderung eindeutig überzogen. Der Verband ging an die Öffentlichkeit.
Man mußte schon vollständige Sachkenntnis besitzen und über das Immobilieneigentum des Verbandes und seine Nutzung bis zum letzten Quadratmeter Bescheid wissen. Vor dem Hintergrund der laufenden Gerichtsverfahren, die den Einigungsdruck erhöhten, fanden Mammutberatungen mit dem Bundesministerium der Finanzen und mit den Oberfinanzdirektionen statt. Überall mußten überzeugende Nachweise geführt sowie Rede und Antwort gestanden werden. Es wurde gerechnet, es wurden Beweise geführt, Werte verglichen, Vor- und Nachteile auf beiden Seiten abgewogen. Schließlich entschied der Bundesgerichtshof in Karlsruhe für bestimmte Sachverhalte die Unentgeltlichkeit der Nutzung nach bestehendem Recht. Es war die erste Niederlage für den Bund. In Folge strebten die Beteiligten bei ihren Einigungsbemühungen zu wirtschaftlich sinnvollen Ergebnissen, die auch de jure für beide Seiten begründbar waren. Bei einer unglaublichen Vielzahl von tatsächlichen und auch juristischen Tatbeständen erforderte dies ein hohes Maß an Flexibilität und Phantasie, zumal es um 3stellige Millionen-Vermögenssummen ging.

Es war eine wirtschaftlich machbare Lösung.«
Zu den Altkrediten der Industrie bringt René Sittner ein einfaches Beispiel: »Ein KONSUM-Betrieb kaufte zu DDR-Zeiten eine Maschine aus dem nichtsozialistischen Ausland, die eine Million DM kostet. Eigenmittelfinanzierung ging mit DDR-Geld nicht, auch wenn dafür genügend Geld vorhanden gewesen wäre. Entsprechend dem Umrechnungskoeffizienten waren das 4,6 Millionen Mark der DDR. Diese wiederum mußten durch eine Kreditaufnahme bei der Staatsbank der DDR abgesichert werden.
Durch die Umbewertung der Währung bei der Währungsunion wurden dieses im Verhältnis 2 : 1 = 2,3 Mio. DM, die zuzüglich Zinsen, an den Rechtsnachfolger der Staatsbank zurückzuzahlen waren, und zwar für eine Maschine, die ja nur 1 Mio. DM wert war! Das ist die Unglaublichkeit dabei. Aber es gab viele konsumgenossenschaftliche Unternehmen, die mit solchen Krediten belastet waren.
Nach langwierigen Verhandlungen mit der Deutschen Kreditbank konnte eine Vereinbarung abgeschlossen werden, die beiden Seiten gerecht wurde und den Konsumverband nicht in die Insolvenz trieb.
Parallel zu unserer Rechtsarbeit war inzwischen die Industrie des Verbandes so stark geworden, daß sie dem Wirken meiner Abteilung das finanzielle Rückgrat geben konnte. Wenn wir dieses Rückgrat nicht gehabt hätten, dann wären wir nicht in der Lage gewesen, die finanziellen Vergleiche zu bedienen.«

Post an die Bundestagsabgeordneten

April 1997. Die Geschäftsstelle des Konsumverbandes in Berlin gleicht einem mittelgroßen Dorfpostamt zur Weihnachtszeit. Die Mitarbeiter des Verbandes haben Hunderte von Paketen gepackt – alle mit identischer Empfängeradresse: die Bundestagsabgeordneten, damals noch in Bonn.

Hintergrund der Aktion ist der seit Jahren andauernde Streit mit dem Bundesfinanzministerium wegen horrender Nutzungsentgeltforderungen für ehemals volkseigene Grundstücke. Der Bund als neuer Eigentümer dieser Grundstücke machte 1997 seine Rechte gegen den Konsumverband gerichtlich geltend.

Täglich gingen Mahnbescheide ein, die sich mittlerweile auf eine Höhe von 320 Millionen DM für über 30 Immobilien summiert hatten. Für das »Warenhaus am Brühl« in Leipzig allein 278 Millionen DM. Die Forderung lag weit höher als der Jahresumsatz dieses Hauses.

Der Jahresabschluß hatte einen »eingeschränkten Prüfvermerk«, das ist für ein Wirtschaftsunternehmen wie eine Krankheit mit ungenauer Diagnose und heißt, daß die Wirtschaftsprüfer das Risiko dieser Forderungen nicht einschätzen können. Was letztlich bedeutet, daß die Banken keine Kredite mehr ausreichen. Weder für den Verband noch für die Tochterunternehmen.

»Wir hatten nichts mehr zu verlieren und suchten nach einer aufsehenerregenden Aktion, um das Bundesfinanzministerium zum Gespräch zu zwingen. Wir wollten keine Subventionen oder sonstigen Vergünstigungen, sondern einen fairen Vergleich, der die damals 521 Arbeitsplätze in den Tochterunternehmen des Verbandes nicht gefährdete«, erzählt Karin Hentschel, beim Konsumverband zuständig für die Öffentlichkeitsarbeit. »Also wurden genau 672 Pakete gepackt – für jeden Bundestagsabgeordneten eins. Der Inhalt: Produkte aus den damals noch vier Industriebetrieben des Konsumverbandes: Nudeln aus Erfurt, Kaffee aus Magdeburg, Kräuterlikör aus Mecklenburg und Zahnbürsten aus dem Erzgebirge – eine wahrhaft ›exotische‹ Mischung. Dazu ein Begleitschreiben mit der Überschrift ›Wenn diese Produkte aus den Regalen verschwinden ...‹, eine Erklärung, warum wir das machen, wie viele Arbeitsplätze in Gefahr sind und die Bitte um Unterstützung. Wir orderten einen LKW unserer Spirituosentochter aus Güstrow, luden in Berlin die Pakete ein und fuhren mit unseren Vorständen Wilhelm Kaltenborn und Martin Bergner nach mehreren Stunden dann mittags in der Poststelle des ›Langen Eugen‹ in Bonn vor.

Die Medien hatten wir informiert, und unser Vorhaben lockte sie ziemlich zahlreich an. Offensichtlich überschritten wir bereits die Grenze des parlamentarischen Anstands, aber das war gewollt, denn mit wirtschaftlicher Vernunft hatten wir in den bis dahin erfolgten Gesprächen zu oft argumentiert, und nichts war dabei herausgekommen.

Ein Pressevertreter zog wahllos ein Paket aus dem LKW heraus, drückte es mir für ein Foto in die Hand und las vom Paketaufkleber ›MdB Herrn Theo Waigel‹ – Volltreffer! In unserem Fall derjenige, welcher mit Daumen nach oben oder unten über unser weiteres Schicksal entschied.

Das Echo auf unsere Aktion war überwältigend. Für die Medien natürlich ein gefundenes Fressen.

Auch noch vier Wochen nach der Aktion erreichten uns Schreiben und Anrufe aus Bonn und den Wahlkreisbüros der Abgeordneten – mit höchst unterschiedlichen Reaktionen. Abgeordnete sind ja auch nur Menschen.

So fragte bereits am Tag der Paketaktion ein Ungeduldiger, wo denn sein Paket bliebe. Ein anderer schickte sein Paket kommentarlos zurück, ein Dritter bat um eine Rechnung, damit er die Ware bezahlen könne, um somit jeglichem Bestechungsvorwurf vorzubeugen. Die meisten Abgeordneten hatten jedoch unser Anliegen verstanden. Schließlich handelte es sich nicht um ein Geschenk und auch nicht um ein ostdeutsches Carepaket, sondern um eine Aufforderung zum Handeln.

Unser existentielles Problem wurde zum Gegenstand von Petitionen, großen und kleinen Anfragen, persönlichen Gesprächen, kurzum – das ersehnte Treffen mit der Parlamentarischen Staatssekretärin kam infolge dieser Aktion zustande.

Danach dauerte es noch Jahre bis zum Vergleich. Wir zahlen heute noch.«

Was ist eigentlich aus der HO geworden ?

Den KONSUM gibt es heute noch, aber wo ist eigentlich die Staatliche Handelsorganisation, die ehemals so mächtige HO, geblieben? War es nicht so, daß sich KONSUM und HO die Umsätze teilten? Wie war das? Auch 14 Jahre nach der Wende hört man noch diese Fragen.

Die Antwort ist einfach: Die HO wurde nach allen Regeln der Kunst und zügig zerschlagen und in kürzester Zeit rigoros aufgelöst.

»Die HO ist die Gesamtheit der wirtschaftsleitenden Organe, Betriebe und Verkaufseinrichtungen des volkseigenen Einzelhandels, Gaststätten- und Hotelwesens; führender Teil des Einzelhandels der DDR. Die HO wurde 1948 gegründet und verfügt über ein leistungsstarkes differenziertes Handelsnetz mit allgemeinen und spezifischen Versorgungsaufgaben (Fachhandel, Kaufhallen, Magnet-Kaufhäuser, Centrum-Warenhäuser, Wismut-Handel, Interhotels).« So steht es im letzten Universal-Lexikon der DDR von 1989.

Das Imperium HO verfügte über fast 300 000 Mitarbeiter, hatte etwa 30 000 Geschäfte, Kaufhäuser und Kaufhallen, mehr als 7 000 Gaststätten sowie 425 Hotels und Gasthöfe. Ausschließlich die HO durfte den Intershop-Handel und den sogenannten Delikat-Handel in der DDR betreiben. Die gesetzlichen Regularien waren so.

Die HO verfügte über ein geschätztes Immobilien-Vermögen von rund 3 Milliarden Mark. Durch den Einzelhandel wurden 1989 rund 130 Milliarden Mark umgesetzt. Vom recht bescheidenen Anteil der Privathändler und Kommissionäre abgesehen, teilten sich HO und KONSUM den Löwenanteil des Einzelhandelsumsatzes mit mehr als 80 %.

Die Hoffnungen der HO-Mitarbeiter, ihre Betriebe nach der Wende erhalten und sich selbst in die Marktwirtschaft einbringen zu können, sollten sich schon bald, spätestens Anfang 1991, als Illusion erweisen.

1990 hatte man mit dem Entflechtungsgesetz noch staatlicherseits versucht, auf eine Reduzierung des Marktanteils von jeweils 25 % für HO und KONSUM zu orientieren. Die restlichen Märkte sollten privatisiert werden. Aber die großen westlichen Handelsketten hatten längst ihre Finger im Spiel und gewannen auf unterschiedlichste Art sofort Einfluß. Anfänglich, noch vor der Wirtschafts- und

Währungsunion, durch Lieferung von Produkten, die im Wert von 1 : 2 oder 1 : 3 verkauft wurden. Man schickte auch »Berater« und »Manager«, unterstützte die Verkaufstätigkeit mit der Absicht, die eigenen Einzugsgebiete auszuweiten, sich östliche Standbeine zu schaffen und alsbald die alleinige Regie zu übernehmen. Diesem Ziel arbeitete dann auch die Treuhand zu, als sie die »Gesellschaft zur Privatisierung des Handels« (GPH) ins Leben rief. Aufgabe und Vollmacht der GPH war, die Betriebe der HO, des volkseigenen Großhandels und der OAZ (Organisations- und Abrechnungszentren) zu privatisieren. Sie sollten die Objekte, die Waren und die Ausrüstungen verkaufen. Es wurden Ausschreibungen verkündet, Joint-Venture-Verträge entwickelt und vollzogen, Privatisierungsmodelle gemacht und unverzüglich in die Tat umgesetzt. Die Privatisierung lief unter bestimmten Voraussetzungen. Da war beispielsweise die Anwendung des § 613a BGB zu nennen, um möglichst viele HO-Mitarbeiter in Beschäftigung zu halten. Demzufolge hatten Betriebe oder Personen, die Läden oder Betriebsteile der HO übernahmen, die Mitarbeiter mindestens für ein Jahr zu übernehmen und zu beschäftigen.

Tatsache ist, daß sich die Ostdeutschen infolge fehlenden Eigenkapitals und geringer materieller Sicherheiten oft nicht an den Ausschreibungen beteiligen konnten. So waren die Nutznießer der

HO-Privatisierungsaktion dann doch wieder die westlichen Handelsketten oder Investoren, die oft paket- oder flächenweise den Staatlichen HO-Handel übernahmen oder sich die lukrativen Objekte aussuchten.

Die Aktion, die zwar zügig, fast reibungslos und den gesetzlichen Vorschriften entsprechend verlief, brachte viele Zwistigkeiten und Probleme mit sich. Massenkündigungen, Kurzarbeit Null und Vorruhestandsregelungen waren an der Tagesordnung. Fast auf einen Schlag bekamen 100 000 Mitarbeiter betriebsbedingte Kündigungen. Es gab einen Tarifvertrag zwischen der GPU und der Gewerkschaft Handel Banken Versicherungen, nach dem auch gehandelt wurde. Im Sinne der Beschäftigten kann das als positiv angesehen werden. Abfindungen in Höhe von 400 Millionen DM mußten gezahlt werden, aber es war auch wichtig, daß Mitarbeiter von den Erwerbern oder Betreibern übernommen wurden. Sie hatten damit zunächst ihre Arbeit behalten, auch wenn für viele die Ernüchterung schon ein Jahr später kam.

In wesentlichen Teilen war die HO bereits 1991 »abgewickelt«.

Die nicht selten ungeklärten oder verworrenen Eigentumsverhältnisse an Grund und Boden und Immobilien und andere Restabwicklungen zogen den Vorgang in die Länge. Dann kamen die HO-Nachfolgegesellschaften zum Zuge. Das waren die EX-HO, die DU-HO und die FRE-HO als Verwaltungen. Sie versuchten, mit ihren Anwälten Licht ins Dunkel zu bringen. Manchmal wurde aber das schon Helle erneut verdunkelt. Prozesse fanden statt, dauern teilweise bis heute. Einige Millionen DM sollen ja »gutgemacht« worden und in die Kassen der Bundesregierung geflossen sein.

Jedenfalls gibt's die HO nicht mehr. Schon lange nicht.

Neue Kauffahrtei Chemnitz

Die Stadt Chemnitz wird manchmal als das sächsische Manchester bezeichnet. Es kommt deshalb nicht von ungefähr, daß in der Mitte des 19. Jahrhunderts hier in dieser aufstrebenden Fabrik- und Handelsstadt, wo die wachsende Industrie Reichtum und Kapital brachte, aber die Arbeiter in größter Armut lebten, die Wiege des deutschen KONSUMs stand.

Ähnlich wie in den englischen Industriestädten Liverpool, Rochdale, Manchester oder Lincoln waren hier im tiefsten Sachsen die unerträglichen Lebensverhältnisse der Arbeiter die ausschlaggebende Ursache für das Entstehen der konsumgenossenschaftlichen Bewegung.

Gelegentlich streiten sich die Eilenburger und die Chemnitzer Konsumgenossen, in welcher Stadt wohl die erste Konsumgenossenschaft Deutschlands entstanden ist. Beide können es für sich in Anspruch nehmen.

In Chemnitz jedenfalls gründeten im Mai 1845, noch vor der Gründung des Delitzscher Konsumvereins, der sich später zur ersten echten Genossenschaft mit eigenen Läden entwickelte, zwölf Spinner der Chemnitzer Actien-Spinnerei den ersten Zusammenschluß zu einem Arbeiterkonsumverein in Deutschland, den Spar- und Consumverein »Ermunterung«. Das geschah zu dem Zweck, »... die nöthigsten Lebensmittel durch größere Einkäufe billiger zu beschaffen und die hierzu nöthigen Geldmittel durch wöchentliche Steuern aufzubringen«. Von dem »Principe der Selbsthülfe« war immer wieder die Rede bei der Entstehung, Ausbreitung und Entfaltung der Konsumgenossenschaften.

Zu Beginn des 20. Jahrhunderts etablierte sich eine Handelszentrale der in Hamburg ansässigen »Großeinkaufsgesellschaft Deutscher Consumvereine m.b.H.« (GEG) in Chemnitz. Zunächst betrieb man in Gröba bei Riesa ein Warenlager. Mehrere Jahre, von 1922 bis 1929, dauerte dann der Bau dieses riesigen Großhandels- und Industriekomplexes an der Chemnitzer Kauffahrtei. Der Bau dieses gigantischen Handelszentrums ging einher mit dem Bau der Gablenzsiedlung, einer Wohnstadt in Nähe der

Kauffahrtei, die den Chemnitzer Arbeitern, ebenfalls auf genossenschaftlicher Basis, Wohnungen gab. In dieser Zeit entwickelte sich eine ersprießliche Zusammenarbeit zwischen der GEG, der Arbeiterwohnungsbaugenossenschaft, die großzügig die Ansiedlung ihrer Mitarbeiter förderte, und der Stadt Chemnitz.

Die GEG war schon 1894 in Hamburg gegründet worden, um die Vorteile des Großhandels für die Konsumgenossenschaften nutzbar zu machen. Nach dem englischem Vorbild entwickelte sich die GEG rasch zu einem erfolgreichen Wirtschaftsunternehmen. Zu den Gründungsgesellschaften zählten 47 Konsumvereine, davon allein 27 aus Sachsen. Ihre Warenlager hatte sie in Mannheim, Berlin, Düsseldorf, Erfurt und Chemnitz, um nur einige der 16 Standorte zu nennen. Die GEG entschloß sich schon bald, eigene Produktionsstätten zu errichten, um dem Preisdiktat der Lieferanten zu entgehen. Die Beispiele Seifenfabrik Gröba und Bürstenfabrik Stützengrün stehen für viele. 1920 zählte die GEG bereits über 1000 angeschlossene Konsumvereine und wurde zum größten deutschen Handelsunternehmen.

Die GEG erwarb 1917 das damals unbebaute Grundstück nahe dem Stadtpark mit Bahnanschluß im Süden von Chemnitz, der heutigen Kauffahrtei. Nach Fertigstellung der Handelszentrale befanden sich hier die Großhandelslager für Textil- und Schuhwaren, für Kolonialwaren, für Hausstandsartikel, eine Mostrichfabrik, eine Malzkaffeefabrik mit Getreidesilo, eine Ölabfüllerei, eine Linsenbearbeitungsanlage und eine Kaffeerösterei. Außerdem die Verwaltung für diesen Industrie- und Handelskomplex sowie etliche Wohnungen. In den folgenden Jahren wurde der Standort immer weiter ausgebaut.

In der Zeit des Nationalsozialismus stockten auch hier Handel und Produktion bzw. wurden die Produktions- und Lagerstätten für Kriegszwecke mißbraucht.

Nach dem Wiederaufbau der Konsumgenossenschaften in der Sowjetischen Besatzungszone wurde der Konsum-Großhandel wie überall in den deutschen Ostländern auch in Chemnitz wiederbelebt. Aber er lebte in dieser Form nur bis zum Jahre 1960. Denn zu diesem Zeitpunkt wurde der konsumeigene Großhandel in die volkseigenen Großhandelsgesellschaften eingebracht. Der Verband der Konsumgenossenschaften siedelte nun in der Kauffahrtei das »konsument«-Versandhaus an. 1975 wurde sehr zum Unmut der Bevölkerung, der Versandhandel wieder eingestellt. Nun nahm das Zentralunternehmen »konsument« hier seinen Sitz. Es führte von

Ansicht 1930

hier aus das Warenhausunternehmen des KONSUMs mit vielen ansehnlichen Handelshäusern in den Großstädten der DDR.

Die Nach-Wendezeit war eine »Saure-Gurken-Zeit«. Durch den Zusammenbruch der Produktionsbetriebe entstand eine völlig neue Situation. Es konnten zunächst nur Teile des riesigen Standortes mit seinen massiven Immobilien vermietet werden. Der Leerstand war beängstigend. Erst 1996 gelang dem Konsum-Verband mit einem externen Partner die Ausarbeitung eines flexiblen und auf die Nachfrage gerichteten Konzepts. 1998 begann auf dieser Basis schrittweise der denkmalgerechte Um- und Ausbau sowie die Sanierung der Häuser und Freiflächen. Es entstanden moderne und bezahlbare Mietflächen. Oberste Priorität hatten nach diesem Konzept die Wünsche der zukünftigen Mieter, sie sollten hier ihr Gewerbe erfolgreich ausüben können, das war die einzige Gewähr für den Erhalt des Standorts. 1999 konnte das Kernstück, das zentrale Haus 1, vom damaligen Ministerpräsidenten Sachsens, Kurt Biedenkopf, eingeweiht werden. Heute, nachdem der Komplex nahezu fertiggestellt ist, gehen Unternehmen wie die Deutsche Telekom als größter Mieter, die IAV Ingenieurgesellschaft Auto und Verkehr GmbH, die Siemens-AG,

die Hörmann und Barkas-Industrietechnik-GmbH und rund 20 weitere kleine und mittelständische Unternehmen hier ihrer Geschäftstätigkeit nach. Die Großraumbüros sowie die Produktions- und Lagerflächen sind erweiterungsfähig, der KONSUM kann somit Expansionswünsche seiner Mieter befriedigen und legt stets Wert auf eine serviceorientierte Betreuung.

Mit ständig wechselnden Ausstellungen im Haupthaus werden viele zusätzliche Besucher ins Haus geholt.

Die Sanierung des Gebäudes nach denkmalpflegerischen Gesichtspunkten zeigt nicht nur KONSUM-Geschichte, sondern einen wichtigen Teil der Stadt- und Industrie geschichte von Chemnitz: Der Beginn der kapitalistischen Entwicklung mit den dampfgetriebenen Bohrhämmern und rasselnden Maschinen brachte, als die Arbeiter den ersten KONSUM-Verein gründeten, den Standort hervor. Die Entwicklung der konsumgenossenschaftlichen Wirtschaftsorganisation am Anfang des 20. Jahrhunderts schuf den Industrie- und Handelskomplex. Lange Zeit war die Kauffahrtei dann der Großhandel des KONSUMs, nebenbei Produktionsstätte vieler lebenswichtiger Güter und Verwaltungsstandort. Die Neue Kauffahrtei ist heute eine der erfolgreichsten Immobilien im Osten Deutschlands. Immer aber war der Standort Kauffahrtei KONSUM-Eigentum und somit ein Symbol der konsumgenossenschaftlichen Entwicklung.

Merkur, der römische Gott des Handels und der Reisenden, der mit Füllhörnern als Sinnbild für sich mehrenden Reichtum seit Bestehen des Komplexes an der Nordfassade verewigt ist, begegnet den Menschen täglich, ob sie nun als Mieter, Produzent, Händler, Kunde oder als kulturell Interessierter die Kauffahrtei besuchen und nutzen.

Deutschlands älteste Konsumgenossenschaft

Es gibt sie seit 1850, die Konsumgenossenschaft Eilenburg, heute Konsumgenossenschaft Sachsen Nord eG.

Also feierte man anno 2000 im Sommer, gemeinsam mit 30000 Bürgern auf einem Volksfest mit großem Spektakel das 150jährige Bestehen der »Lebensmittel-Association« in Eilenburg.

Die KONSUM-Geschichtsschreiber sagen, daß die Eilenburger »Lebensmittel-Association« der erste Versuch der Verbraucher im deutschen Sprachgebiet war, die Selbstversorgung ihrer Mitglieder mit Lebensmitteln auf genossenschaftlicher Grundlage zu organisieren. Hintergrund war auch hier wieder die Not der Arbeiter, Kleinbauern und Handwerker, die mit ihren niedrigen Löhnen auch noch der schamlosen Ausplünderung durch die Händler ausgesetzt waren, die minderwertige und gefälschte Ware zu überhöhten Preisen anboten, dazu auch noch falsche Maße und Gewichte verwendeten. Also nahmen mutige Eilenburger ihr Geschick in die eigenen Hände. Das Ziel der Genossenschaft bestand »... in der Beschaffung von Lebensmitteln und sonstigen häuslichen und wirtschaftlichen Bedürfnissen für genossenschaftliche Rechnung, ... um dadurch den einzelnen Mitgliedern soviel als möglich Vorteile des Ankaufs im Ganzen zu gewähren«. Es wurden alle Kolonial- und Gewürzwaren sowie Branntwein und Brennöl gehandelt. Schon im Jahre 1851 konnte ein Reingewinn von 300 Talern erwirtschaftet werden, der Darlehen überflüssig machte! Jedes der 400 Mitglieder erhielt eine Dividende von 7 Silbergroschen und 5 Pfennigen.

Im Gegensatz zum Chemnitzer KONSUM-Verein »Ermunterung« war die »Eilenburger Association« kein lediglich geschlossener Verein, sondern eine offene Genossenschaft, die auch ihre geschäftlichen Angelegenheiten vereinsmäßig erledigte und deshalb als ein echtes Unternehmen anzusehen war. Daß sie zunächst wegen andauernder Querelen und Anfeindungen von außen, beispielsweise auch durch Lieferboykott, nur drei Jahre bestand und später neu gegründet werden mußte, tut dabei nichts zur Sache.

Jedenfalls ließen es sich im Sommer 2000 die Eilenburger Konsummitglieder nicht nehmen, kräftig zu feiern. Bürger und Bürgermeister der Stadt Eilenburg nahmen daran regen Anteil. Die Stadt verlieh anläßlich des Jubiläums einer Straße im Zentrum von Eilenburg den Namen »Konsumgasse«. Wolfgang Richter, der Vorstandssprecher, und sein Vorstandskollege Wolfgang Dreilink nahmen aus den Händen ihres Bürgermeisters das Straßenschild entgegen.

1988 war die Konsumgenossenschaft Eilenburg ausgewählt worden, als Beispiel-Konsumgenossenschaft marktwirtschaftliche Züge im planwirtschaftlichen System auszuarbeiten. Das vertrug sich kaum miteinander – Marktwirtschaft und Planwirtschaft konnten auch von den findigen Eilenburgern nicht verbunden werden. Aber aus heutiger Sicht war es eine gute Vorbereitung auf die Wende, die neuen Wirtschaftsabläufe konnten schneller wahrgenommen und umgesetzt werden, meint Wolfgang Richter, der von 1967 bis 2003 Vorsitzender der Konsumgenossenschaft Eilenburg war. Zum Wendegeschehen erzählt er, daß er auf der Suche nach dem richtigen Weg das Zusammengehen mit einer großen westlichen Handelskette ausschloß. Seine Absicht war immer, KONSUM zu bleiben. Da die Nachbar-Genossenschaft in Delitzsch mit der Stadtgenossenschaft Leipzig zusammenging, fusionierte die Eilenburger Konsumgenossenschaft mit den Genossenschaften in Torgau und Wurzen zur Konsumgenossenschaft Sachsen Nord eG. Ohne diese Partnerschaft hätten sie es alle nicht geschafft, die Bündelung der Kräfte in einer größeren Genossenschaft war nötig.

Eine Maxime der Tätigkeit der Konsumgenossenschaft Sachsen Nord eG ist, daß jeder Markt bestehen bleiben darf, solange er mit seiner Geschäftstätigkeit die eigenen Kosten deckt. Vom Non-Food-Geschäft hat man sich schon 1991 verabschiedet, weil die Anzahl der Anbieter einfach zu hoch war. Heute ist für den Lebensmittelhandel der Hauptlieferant die EDEKA Nordbayern.

Fast alle Märkte haben neben umfangreichem Fleisch- und Käseangebot, frischem Obst und Gemüse auch eine Backstation, die frisches Brot und Brötchen ins Angebot bringt und »vorzügliche Gerüche verbreitet«. Auch das lockt die Leute in den KONSUM.

Das Unternehmen ist weitestgehend saniert, erfahre ich. Viele Millionen sind in die Modernisierung geflossen. »Manchmal auch mit der Brechstange«, sagt Wolfgang Richter. Fast alle Baumaßnahmen wurden von örtlichen Handwerkern durchgeführt. Auch die Tatsache, daß die Konsumgenossenschaft pünktlich ihre Rechnungen zahlte, hat sich in den Städten und Gemeinden herumgesprochen. Aber, so Wolfgang Richter: »Die Zeiten sind schnellebiger geworden, die Unwägbarkeiten haben zugenommen. Der Preiskrieg zwischen allen Anbietern und die Euro-Einführung, die Rezession erzeugen auch beim KONSUM eine kritische Phase. Wir wollen hoffen, daß wir sie schnell überwinden können. International und national findet eine Konzentration des Lebensmittelhandels statt. Wir nutzen als mittelständisches Unternehmen auch weiterhin unsere Chance für die Nische, damit sind wir nach der Wende immer gut gefahren. Am besten laufen bei uns die Läden zwischen 200 und 400 qm Verkaufsfläche. Wir setzen auf die Frische, in manchen Märkten macht das über 50 % des Angebots aus. Die Leute schauen bei der heutigen Wirtschaftsmisere stärker denn je auf den Preis, daher fällt die Analyse deutlich für den Discounter aus.«

Doch die Konsumgenossenschaft Sachsen Nord eG konnte überleben, weil engagierte Mitarbeiter die Interessen ihrer Mitglieder vertreten. Es wurden die Nischen gefunden, die Ostprodukte gepflegt. Und mit einer ideenreichen Öffentlichkeitsarbeit kümmert sie sich um Mitglieder und Kunden. Man hat immer Wert darauf gelegt, mit allen im Territorium zusammenzuarbeiten. Tariflohn für die Mitarbeiter war selbstverständlich: Eine Traditions-Konsumgenossenschaft, die hohe Ideale auf ihre Fahnen geschrieben hat.

Fräulein Gerda und der Dorotheenhof

Der KONSUM der DDR hatte insgesamt acht Schulen – in Kühlungsborn, Spremberg, Wilhelmshorst, Letzlingen, Weimar, eine Fachschule für Binnenhandel in Blankenburg, eine internationale Genossenschaftsschule in Dresden, und ein Bildungszentrum für Führungskader in Cotta.

Die bewegteste Geschichte hat wohl der Dorotheenhof in Weimar – über 40 Jahre lang »Bildungs- und Erziehungsstätte« des KONSUMs. Und über diesen langen Zeitraum wohnte, arbeitete, sorgte und wachte das legendäre »Fräulein Gerda« über alle, die ein- und ausgingen.

Die Geschichte des Hauses reicht weiter zurück: 1882 baute sich der pensionierte Rittmeister Baron von Kalckreuth ein Herrenhaus, den »Dorotheenhof«, dazu gehörten Stall, Scheune und Ländereien. Der Rittmeister starb, und seine Töchter verkauften das Grundstück. 1925 wurde es nach mehreren Besitzern von der Stadt Weimar übernommen und mal als Geflügelaufzuchtstation, mal als Schweinemästerei genutzt und als solche bis 1945 unter die Verwaltung der Nationalsozialistischen Volkswohlfahrt gestellt. Im Norden des Anwesens transportierte die »Buchenwaldbahn« Zehntausende Häftlinge und Material. Nach 1945 kam das Anwesen in »genossenschaftliche Hände« und wurde von 1947 bis 1949 für die »Aus- und Weiterbildung von Kadern« zunächst des thüringischen KONSUMs umgebaut. Die zur Schule gehörenden Ländereien von ca. 6,5 ha wurden 1958 im Rahmen der »Umgestaltung der sozialistischen Landwirtschaft« an die LPG »Frischauf« in Schöndorf übergeben.

Der erste Lehrgang – am 8. August 1949 eröffnet – galt jungen Verkäuferinnen. Neben der praktischen Ausbildung wurde freilich auch großer Wert auf die politisch-ideologische gelegt. 1949 zog auch Fräulein Gerda als Küchenleiterin und im wahrsten Sinne des Wortes in den Dorotheenhof ein. Bis 1952 qualifizierte man überwiegend Geschäftsführer, Instrukteure, Einkäufer und Verkaufsstellenleiter, um die Groß- und Einzelhandelstätigkeit der Konsumgenossenschaften voranzubringen. Danach war Weimar auch Stätte der Erwachsenenqualifizierung bis zur Meisterausbildung, dann Spezialisierung für »Leitungs- und Spezialkader auf dem Gebiet der sozialistischen Betriebswirtschaft«, darunter Verkaufsstellenprüfer, Preisinspektoren, Wirtschaftskontrolleure und Nachwuchskader für Hauptbuchhalter und Vorstandsmitglieder.

Der Dorotheenhof in Weimar

Über dem Haus schwebte jahrzehntelang der gute Geist von »Fräulein Gerda«, zuweilen auch »Kollegin Gerda« oder »Schwester Gerda« genannt. Mit bürgerlichem Namen Gerda Granzin, Jahrgang 1915, beim Gespräch 88 Jahre alt und mit einem hellwachen Gedächtnis für Namen, Gesichter und Ereignisse. »Wer den KONSUM kennt, kennt auch Fräulein Gerda«, das ist auch heute noch ein geflügeltes Wort im KONSUM. Fräulein Gerda ist dank ihrer liebenswürdigen Persönlichkeit zum Inbegriff für Seelsorge, Menschenliebe, Ordnung – und für gutes Essen geworden. Ihr Name fand sogar mit dem Titel Fräulein (anstelle Kollegin) Eingang in die Kadersprache. Wer sich allerdings eine beleibte Küchenmamsell vorstellt, hat weit gefehlt. Fräulein Gerda ist klein, zierlich, gutgekleidet und frisiert, wählt ihre Worte mit Bedacht, kurzum: eine Dame mit Stil. Mit einem außergewöhnlichen Interesse für die Menschen in ihrer Umgebung und einem feinen Gespür für deren Bedürfnisse.

Fräulein Gerda mit Lehrgangsteilnehmern

»Ich hab im Juli 1948 im VdK-Erholungsheim Oberhof in der Küche angefangen, ein knappes Jahr später dann in der Konsumschule in Weimar als Küchenleiterin. Da konnte ich dann in 5 Wochen an der Betriebsakademie meinen Facharbeiter als ›Köchin mit Meisterbrief‹ machen. Was hatte ich für eine Angst! Aber ich hab's geschafft. Meine Chefin war die Wirtschaftsleiterin, Frau Grungräber, und ich hatte die Verantwortung für drei Küchenmitarbeiter. Zwischen 30 und 50 Personen mußten während eines Lehrganges versorgt werden. Das hieß Vollverpflegung. Und wenn kein Heimfahrwochenende war, wurde sogar Kuchen gebacken. Zwei bis drei Überstunden am Tag, die mußte man schon in Kauf nehmen. Aber das hat mich nie gestört. Zuerst kam die Arbeit. Wohlfühlen, das sollten sich alle. Die Lehrgangsteilnehmer, die Lehrer, die Urlauber, die ausländischen Gäste, die Kinder, die über das Konsum-Ferienlager ins Haus kamen. Aber auch die Handwerker, wenn im Haus mal gebaut wurde …«

Fräulein Gerda konnte aber auch streng und unnachgiebig sein. 1967 wurde der Prämienzeitlohn für das Wirtschaftspersonal eingeführt, das hieß, ein bestimmter Prozentsatz vom Monatslohn konnte abgezogen oder draufgeschlagen werden, je nachdem wie gut oder schlecht gearbeitet wurde. »In meiner Küche gab's auch Mitarbeiter, die schluderten und unpünktlich zur Arbeit kamen. Stellen Sie sich vor, jeden Tag kamen zwei meiner Helfer zehn Minuten zu spät zur Arbeit. Du liebe Güte, was man in zwei mal zehn Minuten schon wieder alles machen konnte. Kartoffeln schälen, Fenster putzen, den Abfall wegbringen. Die Ecken saubermachen, das war auch nicht ihre größte Stärke. Da hab ich dann von unserer Wirtschaftsleiterin verlangt, daß pro Person 10 Mark abgezogen werden. Zufällig kam unser Direktor zu dem Gespräch hinzu. Was denken Sie, was der sagte? 10 Mark, Fräulein Gerda, das können wir nicht machen, das merken die doch gar nicht, das müssen schon 20 Mark sein!«

Wie das mit dem alten Küchenofen war, will ich wissen. »Der alte Herd gehörte schon zur Küche, als ich 1949 anfing. Einmal kam ein Handwerker und fragte mich, ob ich den alten Napoleon nicht endlich wegschmeißen will. Na, dem hab ich was erzählt. Seitdem hieß der Ofen ›Napoleon‹. Ich hab ihn so geliebt. Wissen Sie, der hatte in der Mitte eine Heizstelle, die heizte auch die Flächen links und rechts mit, und eine Wasserpfanne und zwei Röhren. Wenn ich Kartoffeln gekocht hab, brauchte ich keinen Deckel abzunehmen und hab den Topf gleich in die Röhre geschoben, da kochten die Kartoffeln brav weiter, ohne daß ich mich kümmern mußte. Alles blieb so schön warm.« Fräulein Gerdas Augen glänzen.

Was die Qualifizierungshungrigen denn am liebsten gegessen hätten? »Ach, da gab es einiges, Eintöpfe – die waren recht beliebt, und die selbstgebackenen Pfefferkuchen vor Weihnachten. Die Kinder haben sich immer auf das selbstgemachte Apfelmus gefreut und dafür auch mal Äpfel aufgelesen. Manchmal haben sie auch die falschen gebracht, die grünen, dann sind sie nochmal losgetrabt und haben weitergesammelt.«

Einer noch im Archiv befindlichen Speisekarte zufolge sah Fräulein Gerdas Küchenplan für Donnerstag, den 3. Juni 1954 vor:

Zum Frühstück: Kaffee, Brötchen, Marmelade, Butter (15 g)
Zum 2. Frühstück: Schmalzbrot (15 g)
Zum Mittagessen: Kartoffelsuppe und Rote Grütze
Zum Nachmittags-Kaffee: Kaffee, Brötchen und Marmelade
Zum Abendessen: Brot, Butter (25 g), Mettwurst (80 g)

Ja, richtig das Schmalz! »Fräulein Gerda und ihre Schmalzstullen!« sagen wissend die ehemaligen Lehrgangsteilnehmer.

»Das Schmalz muß so richtig nach Schmalz schmecken, nicht nach Äpfeln oder nach Zwiebeln. Also, Speck und Schweinefett auslas-

»Napoleon« dient heute als Büffet-Tisch im Restaurant des »Dorotheenhof«

sen und die Zwiebeln auskochen, dann bleibt der eigene Geschmack. Vielleicht ist mein Schmalz aber auch deswegen berühmt, weil auch spät in der Nacht noch der Topf mit dem Brot und der Gurke zum Selbermachen dastand. Bei mir ist keiner hungrig ins Bett gegangen. Und immer alles schön dekoriert, das Auge ißt ja mit …

Ja, und wenn die Urlauberkinder oder die aus dem Ferienlager kamen, da kam dann noch mehr Leben ins Haus. Da hat sich nicht nur meine Nichte Gudrun über die Abwechslung gefreut.

Natürlich mußten auch mal Tränen getrocknet werden. Ich weiß noch: Bei einem meiner abendlichen Hausrundgänge steht schluchzend ein kleiner Junge auf dem Flur. Ich frage, was er hat. Da zeigt er auf seine Zimmertür und sagt: Die, die da drin, die sagen alle, ich bin schwul. Was mußt ich damals lachen. Ein anderes Mal steht ein Sechsjähriger plötzlich mit gepacktem Koffer in meiner Küche und sagt, er fährt jetzt wieder nach Hause, weil ihn die anderen so hänseln. Na, dann gab's erstmal selbstgemachtes Apfelmus …«

Fräulein Gerda, das ist belegbar, wurde dreimal mit dem »Aktivisten der sozialistischen Arbeit« ausgezeichnet. Das war auch im KONSUM so nicht üblich, zumal Fräulein Gerda keine SED-Genossin war und sich auch noch geschickt den kollektiven Demonstrationen am 1. Mai entzog. Warum sie nicht in die Partei ging? »Gefragt hat mich der Herr Fless, unser Schuldirektor, schon. Aber ich sagte ihm jedesmal, Sie kennen ja meine Einstellung: Ich tu's mit der Tat, das tu ich in meiner Küche, das ist meine Einstellung zum Staat, damit diene ich ihm. Da brauch ich kein Parteibuch. Und für den 1. Mai hatte ich keine Zeit, mußte schließlich früh in meine Küche.«

Es gab übrigens noch einen Grund, warum das Fräulein Gerda vor allem von den Führungskadern so überaus respektiert wurde. Das war ihre Sparsamkeit und der Fakt, daß es in ihrer Küche niemals Verluste gab. Die Schulen bekamen in der DDR-Zeit sogenannte Verpflegungssätze pro Lehrgangsteilnehmer, mit dem Betrag mußte man auskommen, was aber nur der Schule in Weimar gelang. »Wir waren eben erfinderisch und haben uns zu dem Wenigen, was wir hatten, noch etwas dazugeklaut. Also, Äpfel im LPG-Garten aufgelesen, Apfelmus gekocht oder die Äpfel zur Mosterei gebracht, beim Nachbarn Petersilie eingetauscht, preiswertes Gemüse aufgekauft und kistenweise eingekocht. Das Mischgemüse in Gläsern konnte man ja damals kaum verwenden, meistens waren die Erbsen zu hart und die Möhren zu weich. Also hab ich getrennt eingekocht, aus Beständen, die ich mir organisiert habe. Und zum Großhandel hatte ich auch immer gute Beziehungen. Die Kraftfahrer bekamen bei mir stets eine Tasse Kaffee und ein Stückchen Kuchen. Verderben lassen hab ich auch nichts, da wurde lieber knapp eingekauft.«

Ob sich Fräulein Gerda, die während der langen Zeit doch so viele Gäste bewirtete, auch einmal verliebt hat?

»O ja, doch.« Sie lächelt. »Da hat es schon einige gegeben, allerdings sind die meisten bei meinem ersten Test, den guten Tischmanieren, gleich durchgefallen. Ach, und dann hatte ich ja auch Verantwortung, für meine Nichte, die elternlose Gudrun, die ich mit elf Jahren zu mir genommen und aufgezogen habe. Später hab ich dann auch meine Mutter noch aus dem Heim geholt. Wir bewohnten zu dritt eine Dienstwohnung mit zwei Zimmern im Dorotheenhof, ich schlief im Wohnzimmer auf der Couch, Gudrun und meine Mutter im Schlafzimmer ...«

1975 wird das Fräulein Gerda Rentnerin, ohne in Rente zu gehen, versteht sich. Ihr erster Rentenbescheid weist 294 Mark an Altersrente aus.

1985 heißt es: »Unsere seit Eröffnung der Schule im Jahre 1949 langbewährte Küchenleiterin, Kollegin Granzin beendete mit 70 Lebensjahren ihre Tätigkeit und gab die Geschicke in jüngere Hände.« Daß sie danach ehrenamtlich weitergearbeitet hat, erwähnt sie nur beiläufig.

»Nee«, meint sie, »eine Betriebsküche mit Essenkochen und ausgeben und fertig, das hätte mich nicht glücklich gemacht. Ich wollte den Menschen dienen, und das konnte ich im KONSUM und im Dorotheenhof am besten. Für mich war das Familienersatz, und wenn ich bei der KONSUM-Fleischwarenproduktion meine Wochenration bestellt hab, sagten die immer: ›Hallo, Frau KONSUM!‹«

In einem Bericht der Schule von 1988 steht: »Auf wirtschaftlichem Gebiet ging es weiter voran. Die Ausstattung der Schule konnte mit einem Farbfernsehgerät, einer Kaffeebrühmaschine und einem elektrischen Blockherd vervollständigt werden.«

1989 arbeitete man, um den Anforderungen des Lehrplans des Ministeriums für Handel und Versorgung in Sachen Hauptbuchhalter und Mikrorechentechnik gerecht zu werden, mit einem geliehenen Personalcomputer und Drucker. Als man im zweiten Halbjahr 1989 »von einem PC 1715 und Drucker Besitz ergreifen« konnte, nützte das wenig: Unter dem Druck der Wendeereignisse wurden am 3. November 1989 alle Lehrgänge an den Schulen abgesagt.

Bis Mitte der 90er Jahre ist der Dorotheenhof noch Bildungszentrum, wird 1996 aufwendig saniert und als Hotel eröffnet. Das einstige Rittmeistergut firmiert heute unter »Romantik Hotel Dorotheenhof« und befindet sich im 100 %igen Eigentum des Konsumverbandes. Die vom Rittmeister Kalckreuth gepflanzten Schattenbäume gehören zum »hoteleigenen Park«. Napoleon, der nichteheliche Weggefährte von Fräulein Gerda, steht immer noch in der Küchenstube und ächzt ob des fortgeschrittenen Alters unter dem täglichen Frühstücksbüfett auf seiner betagten Herdplatte. Geschichten gibt es noch viele unerzählte vom Dorotheenhof, am besten man fragt den Geschäftsführer Matthias Barleben und dessen Frau Sabine danach. Oder begibt sich auf den Weg nach Oberhessen – zu Fräulein Gerda. Die wird ohne zu zögern bei der ersten Musterung sagen können, ob man zu den Lehrgangsteilnehmern in der KONSUM Schule Weimar von 1949 bis 1989 gehörte oder nicht. Und dann wird sie ununterbrochen erzählen – aus ihrem Leben, das sie nicht anders hätte leben wollen.

»... röstfein muß der Kaffee sein!«

Von den sieben Kaffeeröstereien aus der ehemaligen DDR haben sechs die Segel streichen müssen. Sie hatten nicht die Bohne einer Chance im kapitalistischen Wirtschaftsdeutschland, es gibt sie allesamt nicht mehr.

Der heiße Kaffeeduft der Jacobs-Krönung, Tchibo, Eduscho, Onko, Melitta und Dallmayrs Prodomo hatte die ostdeutschen Kaffeetrinker betört. Man griff nach den bunten Westtüten. Es war ja auch nicht schwer, die Ostdeutschen für das zu begeistern, was sie aus dem Fernsehen, dem Intershop oder aus den Westpaketen kannten.

Nur die gebrannten und kandierten Bohnen der Röstfein Kaffee GmbH Magdeburg haben sich gegen die großen Marken in Deutschland durchsetzen können. Die Magdeburger sind ernsthafter Konkurrent auf dem Kaffeemarkt geworden. Heute ist Röstfein Magdeburg die sechstgrößte Kaffeerösterei in Deutschland mit einem Marktanteil von 10 %.

Grund für den Markterfolg ist die Rückbesinnung auf Traditionsmarken aus der DDR-Ära, die heute dank Röstfein wieder im Angebot sind, und das nicht mehr nur im Osten Deutschlands, zunehmend auch in den alten Bundesländern. Man spricht von flächendeckender Präsenz in Deutschland.

Die altehrwürdigen Namen wie RONDO, RONDO MELANGE und MONA klingen und schmecken heute noch besser als früher. Daß sie ihr altes Outfit beibehalten haben, trägt ein bißchen zur Nostalgie bei und weckt den Bedarf bei den Kaffee-Kunden, nicht nur bei jenen, die für das goldbraune Tütchen MONA mit 125 Gramm Inhalt zu DDR-Zeiten immerhin 10 Mark zahlen mußten.

Als Manfred Winkelmann im Jahre 1960 als frischgebackener Betriebsingenieur in den Betrieb kommt, findet er noch den Maschinenpark von 1912 vor. »Eine Alchimistenküche mit viel Kohle, Asche, offenem Feuer, und Dampf, in der Kneipp-Malzkaffee hergestellt wurde«, erzählt er mir bei einem Betriebsrundgang im Frühjahr 2002. Als er 1967 Werkleiter wird, hat er die erste Rekonstruktion dieses Werkes bereits hinter sich, übernimmt »die modernste Getreiderösterei Europas«.

Der 1908 direkt an der Elbe in der Magdeburger Hafenstraße 9 von den Kathreiner-Werken gebaute Malzkaffeebetrieb bekam seine

Die Röstfein-Werke in Magdeburg

Zulieferungen seinerzeit aus den Getreidekähnen, die auf der Elbe schwammen. Erst 1953, dann schon durch den SMAD-Befehl anno 1947 ein Betrieb des KONSUMs, machte er erste Schritte in Richtung Bohnenkaffee. Bis zu diesem Zeitpunkt produzierte man hier den Malzkaffee, der aus hundertprozentiger Braugerste besteht. Dann später auch den eher unbeliebten Kaffee-Ersatz, der aus Roggen oder Gerste unter Hinzugabe von Zichorie oder manchmal auch getrockneten Zuckerrübenschnitzeln geröstet wurde. Der Mangel an hochwertiger Braugerste zwang dazu.

Seit den 50er Jahren geht die Getreiderösterei immer weiter zurück, wird in den folgenden Jahren immer mehr Kaffee aus Bohnen geröstet.

Manfred Winkelmann erinnert sich lächelnd an den Politbürobeschluß zum »Kaffee-Mix«. Die DDR konnte sich die devisenteuren Import-Bohnen nicht mehr leisten. Man kam auf die glorreiche Idee, gemixten Kaffee anzubieten, Kaffee aus 50 % Getreide und 50 % Kaffeebohnen oder in anderen, noch unvorteilhafteren Mischungsverhältnissen herstellen zu lassen.

Winkelmann wurde nach Berlin zum zuständigen Minister bestellt, wie auch die anderen Kaffeeröster. Sie hätten die Voraussetzungen

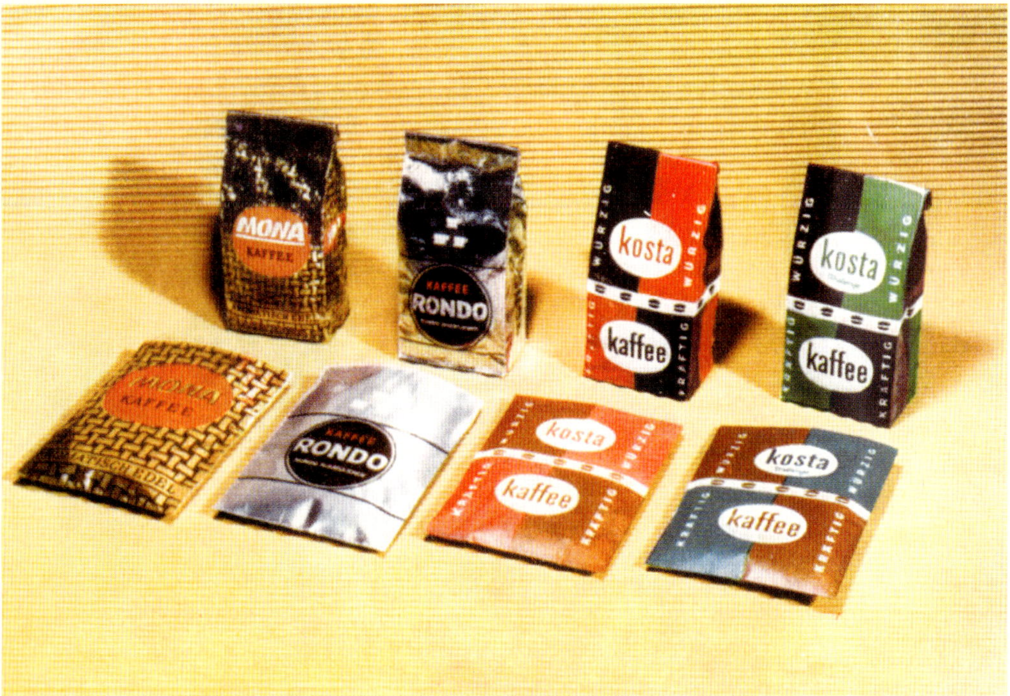

Kaffeesortiment aus den 70er Jahren

für die Herstellung dieses Gebräus zu schaffen, sollten unverzüglich handeln und die Produktion auf große Mengen einrichten.

Was bisher an Investitionen und Modernisierungen für die Kaffee-Industrie unvorstellbar gewesen war, sollte nun plötzlich möglich sein! Dank des verordneten Kaffee-Mix.

»Was, Genosse, brauchst du an Baukapazität? Welche Kennziffern, Genosse, für die Ausrüstung? Nenne die erforderliche Größenordnung!«

Die Gelegenheit ließ sich Manfred Winkelmann nicht entgehen und beantragte 2 Millionen Mark Bauvolumen und 3 Millionen Mark Ausrüstung für seinen Betrieb.

Schon bald bekam er die entsprechenden Staatsplankennziffern, die ihm den Zugang zu diesen Kapazitäten bei den Bilanzorganen und Baukombinaten sichern würden.

Im Werk machte er sich selbst zum Aufbauleiter, stampfte auftragsgemäß eine Arbeitsgruppe aus dem Boden und rekonstruierte seinen Betrieb. Dabei hatte er weniger den Kaffee-Mix im Auge als die Modernisierung und Erweiterung des Werkes für künftige Zeiten.

Er baute mit diesem Goldregen das Werk um, die Produktionsgebäude aus, Lagerhallen an, kaufte zeitgemäße Verpackungsmaschinen, Gebläse und viele Apparaturen.

»Ich habe was anderes gemacht, als sie wollten«, sagt er pfiffig-bescheiden.

Die Beschwerden und Eingaben der Kaffeetrinker, die das seltsame Gebräu ganz und gar nicht mochten, ließen nicht lange auf sich warten. Die Frauen schimpften und die Männer witzelten: »Potenz ade – mit Mix-Kaffee.« Das ging nun auch wieder nicht, daß die werktätige Bevölkerung auf Partei und Regierung schimpfte, weil es Bohnenkaffee jetzt nicht mehr rein, sondern nur noch in Mischungen gab! Das Politbüro machte den Beschluß bald nach der Eingabenflut still und leise wieder rückgängig.

Winkelmann hatte es in Ausnutzung der günstigen Situation fertiggebracht, seinen Betrieb, ohne eine einzige Tüte Kaffee-Mix zu produzieren (der kam aus dem VEB in Halle), zu sanieren und zu modernisieren.

1981 führte er etwas ganz Besonderes ein, das die Zukunft des Magdeburger Kaffeewerkes bis heute bestimmen sollte: Das Wirbelschichtverfahren für die Kaffeeröstung.

Es war das Ergebnis einer, wie er sagt, »vernünftigen Zusammenarbeit mit den Professoren Michel und Mörl und anderen Wissenschaftlern von der Magdeburger Technischen Hochschule.«

Zum Verständnis: Die Röstkapazität für Bohnenkaffee reichte in der DDR nicht. Devisen für moderne Technik aus dem kapitalistischen Ausland gab es auch nicht. Mit den genannten Wissenschaftlern grübelte und tüftelte er, bis es innerhalb eines Jahres gelang, eine großtechnische Versuchsanlage zur Anwendung des Wirbelschichtverfahrens für die Kaffeeröstung zu bauen. Das geschah mit örtlichen Kräften, also mit einer Arbeitsgruppe aus mehreren Magdeburger Betrieben, die sich am Bau der Anlage beteiligten. Zuvor war das Wirbelschichtverfahren für die Granulatherstellung und für Trocknungsprozesse in der Landwirtschaft, für die Kesselfeuerung mit Rohbraunkohle und die Arzneimittelproduktion angewandt worden. Nun hatte man es für die Kaffeeröstung spezifiziert – mit geringen Investitionen und einfachster Technik, die noch dazu kaum störanfällig war. Die Anlage funktionierte auf Anhieb: »Wir waren gespannt, aber siehe da, es kam Kaffee heraus.« Winkelmann erklärt es verständlich: »Ein Reaktor, sozusagen ein hohler Vogel aus Stahl, unten ein Siebboden, daß die Heißluft durch kann, der Kaffee aber nicht, er bleibt drin. Eine Klappe zum Öffnen und Schließen. Die

grünen Bohnen werden auf einem Luftpolster schwebend geröstet. Mehr ist nicht. Dazu eine wesentlich höhere Brandsicherheit, was für Kaffeeröstungs-Betriebe eminent wichtig ist. Bessere Tassenqualität, sprich besserer Geschmack des Kaffees. Die Rohstoffausnutzung um ein Prozent erhöht!«

Im Jahr 2000 hat er dann das Wirbelschichtverfahren auch für die Magdeburger Spezialität, die Kandierung der Bohnen für den RONDO MELANGE eingesetzt.

Doch zuvor war eine schwierige Zeit zu meistern, die Wende hatte auch für seinen Betrieb verheerende Wirkungen.

»Keiner wollte mehr unseren Kaffee, schon gar keinen Malzkaffee. Unsere Bestände mußten wir sogar verschenken. Wir hatten keine zeitgemäße Vakuumverpackung, uns stand nur die herkömmliche Schlauchbeutelverpackung zur Verfügung. Die wollte keiner mehr. Wir hatten plötzlich nichts mehr zu tun. Leute sollten entlassen werden. Vom Verband des KONSUMs kam nichts.«

Als er sich TCHIBO ins Haus holte und einen Kooperationsvertrag für Lohnrösterei der »Besten Bohne« unterzeichnete, gab es Kritik von seinem Verband. Er zitiert einen seiner damaligen Chefs: »Wenn das schief geht, dann kannst du gleich deinen Hut nehmen.« Es ging nicht schief. Im Gegenteil, das Unternehmen schrieb schwarze Zahlen, obwohl mit den eigenen Marken nichts zu holen war. Die Leute hatten Arbeit, das war in diesem Moment das Wichtigste.

Trotzdem wurde er 1992 abberufen. Ein Neuer, Jüngerer, ein in der Marktwirtschaft Erfahrener, sollte den Betrieb künftig führen. Der Neue kam, Winkelmann ging aber nicht. Er nahm den Posten des Vertriebsleiters an. Und mußte aus nächster Nähe mit ansehen, wie das Unternehmen in die Verlustzone geriet. Drei Jahre später, als der neue Vorstand beim Berliner Verband Martin Bergner hieß, holte dieser den Strategen Manfred Winkelmann an die Spitze des Unternehmens zurück.

Der »alte« Direktor, neu motiviert, setzte auf die Traditionslinie und die Rückbesinnung. Die DDR-Kaffeesorten RONDO MELANGE, MONA und MoccaFix erlebten ihre Wiedergeburt.

Eine Kundin schrieb damals: »Gestern abend bin ich in Freudentränen ausgebrochen. Wie jeden Abend hatte ich den MDR eingeschaltet und schon am Anfang der ›Umschau‹ kam der kurze Kommentar: ›Es gibt wieder den guten alten RONDO.‹ Das hielt mich vor dem Bildschirm. Riesenfreude. Dann endlich der Beitrag. Super, toll. Ja, genau so will es das Ossiherz.«

Innovativ, wie Winkelmann immer war, handelte er auch jetzt. Die alten Sorten mit vorzüglichem Kaffee in der gewohnten Verpackung neu aufgelegt, dazu ein Capuccino von Röstfein, verfehlten ihre Wirkung auf die Verbraucher nicht. Auch andere Unternehmen wollten sich plötzlich, nachdem der Erfolg sich eingestellt hatte, der alten Kaffee-Marken vom KONSUM bedienen. Aber Röstfein konnte sich gerichtlich durchsetzen, ist alleiniger Hersteller seiner »Ostprodukte«.

Im Jahr 2002 ist Manfred Winkelmann in den verdienten Ruhestand entlassen worden. Seinen Nachfolger, Eike-Jens König, hat er eingearbeitet. König ist ein Fachmann, der im Magdeburger Kaffeewerk groß geworden ist und sich in anderen Kaffeebetrieben den Wind um die Nase hat wehen lassen. Er hat inzwischen die Produktpalette erweitert, zum Beispiel um den Malzkaffee »im nu«, Kosta Espresso und den O'Verde-Biokaffee, einen hochwertigen Arabicakaffee aus kontrolliert ökologischem Anbau. Mit einem neuen Werbekonzept und neuem Verpackungsdesign hat er die Wiedererkennbarkeit der Marke weiter verbessert, hat dem Outfit der Röstfein-Kaffees einen eleganten »Nadelstreifen« verpaßt. Das Unternehmen ist heute für die Expansion und den Wettbewerb auf dem hartumkämpften Kaffeemarkt gerüstet, so daß es beim Kaffeegenuß immer öfter heißt: »... röstfein muß der Kaffee sein!«

Weiberwirtschaft

Den KONSUM Weimar gibt es seit 1873. Zur Begründung der Konsumgenossenschaft hieß es damals in der Einladung zur Gründungsversammlung, die am 22. Mai stattfand:

»Die jetzigen enorm hohen Preise sämmtlicher Lebensbedürfnisse lassen es all denen, welche auf jährlich fixierte Einkommen angewiesen sind, gewiß dringend wünschenswerth erscheinen, Mittel und Wege zu finden, um durch Gewinnung billiger Bezugsquellen der verschiedenen Waaren deren Preise weniger fühlbar zu machen. Ein solches Mittel würde sich durch durch die Gründung eines Consum-Vereins seitens der oben bezeichneten Klasse der Einwohner Weimars bieten.«

23 Gründer unterschrieben das Statut des »Consumvereins zu Weimar« am 19. Juni 1873. Am Jahresende waren 110 Mitglieder im Verein, der über einen eigenen Laden verfügte. 25 Jahre später konnte man bereits auf die stattliche Mitgliederzahl von über 1000 verweisen. Der Umsatz betrug 441983,00 Mark. Wenn man bedenkt, daß eine Zigarre zu dieser Zeit 2 Pfennige kostete, wird deutlich, welche enorme Warenbewegung dahinter stand.

In Berichten über diese Konsumgenossenschaft liest man, daß sie 1918 jedem Normalverbraucher in der Woche eine Lebensmittelration von 40 Gramm Margarine, 200 Gramm Fleisch und 1500 Gramm Brot und für das 2. Halbjahr 1 Ei bereitzustellen hatte, im Jahre 1923, als ein Brot 100 Millionen Mark kostete, bereits eigene Bäckereien bestanden, die das Brot »nicht mit Kartoffeln strecken mußten«. Im Jahr 1923 wird die Umbenennung zur »Konsumgenossenschaft Weimar und Umgegend« vollzogen. So heißt sie auch heute noch. Während bis zum Ersten Weltkrieg, so liest man weiter, die Männer in der Genossenschaft das Sagen hatten, begannen jetzt mehr und mehr die Frauen das Zepter in die Hand zu nehmen. Und das blieb so, weswegen voreingenommene Berater, Banker und Beamte nach der Wende, als die Konsumgenossenschaft Weimar ihren Weg neu bestimmen mußte, lapidar meinten: »Die Weiber schaffen das nie.«

Die neuen Statthalter im Weimarer Stadt-Magistrat und in den Kreditinstituten, mit denen sich der KONSUM herumzuschlagen hatte, sagten es den Damen des Vorstandes natürlich nicht ins Gesicht, nur hinter vorgehaltener Hand und im Kreis vermeintlich

Handelshaus am Theaterplatz in Weimar

»Gleichgesinnter« machte das Wort die Runde. Aber: »Schließlich funktioniert der Buschfunk in einer Stadt mit 60 000 Einwohnern noch immer«, sagt Sigrid Hebestreit, Vorstandsvorsitzende der Konsumgenossenschaft Weimar seit 1984. »Und wir spürten bei jeder Gelegenheit ihre Vorbehalte gegenüber uns Frauen. Schlimmer noch: Im Magistrat der Stadt Weimar wurde offen darüber gesprochen, daß der KONSUM eine alte, überholte Struktur sei, die enteignet werden müsse. Sie hatten in diesem Amt noch gar nicht mitbekommen, um welche Art der Unternehmen es sich hier handelte, und daß die Konsumgenossenschaften nicht wie die HO zu dieser Zeit ›treuhänderisch‹ zu verschwinden hatten.

Die Banken ließen sich das ›Risiko Handel‹, das ›Risiko KONSUM‹ und das ›Risiko Frauen‹ bei ihren Kreditvergaben denn auch doppelt und dreifach absichern.

Unsere Vorsprachen bei der Bank waren stets erfolglos. Aber diese merkwürdige Haltung gegenüber Frauen in leitenden Positionen, die wir vorher nicht kannten, hat uns auch angespornt, weiterzukämpfen. Sie wirkte wie ein potenzierter Anreiz«, sagt die Vorsitzende schalkhaft. Und tatsächlich gelang es nur über einen männlichen

Vertreter einer namhaften Unternehmensberatung, die Tür zu den Banken zu öffnen. »So unglaublich das klingt, so war es«, sagt Sigrid Hebestreit.

Die Konsumgenossenschaft der deutschen Kulturhauptstadt Weimar hat eine gesunde und profitable Struktur gefunden, den Fachhandel mit Textilien, Schuhen und Hartware in eigener Regie, den Lebensmittelhandel in einer gemeinsamen Tochtergesellschaft als REWE-KONSUM und die Arbeit mit den Immobilien. Eine gute Synthese zwischen der Nutzung eigener Häuser, der Vermietung von Läden in konsumeigenen Immobilien oder auch der Anmietung von Ladenflächen in günstiger Lage für das eigene Warengeschäft pflegt man und hat Erfolg damit.

Der Weg der Genossenschaft war wie überall im Osten steinig. Aus dem ländlichen Raum hat man sich weitgehend zurückgezogen und auf neue Standorte festgelegt. Die Läden heißen zeitgemäß »Flair«, »City-Collection« oder »Compliment«. Die Genossenschaft betreibt eine vorsichtige Expansion, wie die Eröffnung des SML-Textilcenters in der Geraer City beweist, wo auf 1300 qm Verkaufsfläche modische Textilien vom Weimarer KONSUM gehandelt werden.

Die Vorsitzende schwört auf ihre Mannschaft, die heute aus 97 Frauen und 3 Männern besteht. Sie sagt: »Frauen sind belastbar, lernfähig und zuverlässig«, und fügt mit einem Lächeln hinzu, daß auch die 3 Männer im Unternehmen ihren »Mann« stehen.

Die Konsumgenossenschaft prognostiziert gerade ihre Arbeit für die nächsten Jahre, bestimmt die Geschäftsfelder, wird sich von unrentablen Immobilien trennen. »Ich möchte das Unternehmen sicher am Markt halten. Die Chancen sind da, und wir werden sie nutzen!«

In diesem Konzept spielt das Handelshaus, errichtet in der Zeit von Dezember 1995 bis November 1996 mit einem Finanzaufwand von 34 Millionen DM, direkt im Weimarer Zentrum am Theaterplatz gelegen, eine tragende Rolle. Tausende von Menschen frequentieren es täglich und kaufen in den 24 Shops ein. Auf einer Fläche von 7000 qm wird durch die verschiedensten Anbieter in durchdachtem Mix die Ware präsentiert. Der KONSUM besaß dieses Grundstück auf hervorragendem City-Standort schon lange, aber so manch einer warnte vor dem riskanten Neubau: »Übernehmt ihr euch da auch nicht? Das kann dem Unternehmen auch das Genick brechen.«

Aus dem alten Lebensmittel-Markt mit 300 qm Fläche im Erdgeschoß, der nach der Wende zunächst immense Umsätze gemacht hatte, aber für die Zukunft nicht gerüstet war, mußte in dreifacher Größe ein neuer entstehen. Auch der Textilladen wurde für das expandierende Weimarer Marktleben entworfen. »Oft lagen die Nerven blank«, weiß die Vorsitzende zu berichten, »denn ehrgeiziges Ziel war es, das Weihnachtsgeschäft 1996 nutzen zu können.« Vorfinanzierungen waren zu leisten, denkmalpflegerische Auflagen zu beachten, ein Rückgabeanspruch verzögerte den Baubeginn, es mußte einem Beschluß der Stadt entsprochen werden, für PKW-Stellplätze 1 Million DM zu zahlen, doch als dann Ende September der letzte Putz angebracht, die Wände gestrichen, die Fußböden gelegt waren, konnten die Ladenbauer einziehen. Die Mitarbeiter der Konsumgenossenschaft arbeiteten in diesen Tagen rund um die Uhr, bis sie schließlich die Berge von Waren einstapeln konnten und das neue Handelshaus zum 1. November 1996 seine Pforten öffnete.

Heute gehen die städtischen Handelsaktivitäten zu Feiertagen, ob zu Weihnachten, Ostern oder zum Weimarer Zwiebelmarkt, von hier aus, und die Weimarer Einwohner, die auf so viele gewichtige Bauten ihrer Stadt verweisen können, zählen ihr Handelshaus durchaus dazu.

»LIEBER ZU KONSUM«

Nur wenige der aktiven Konsumgenossenschaften im Osten Deutschlands werden von westdeutschen Managern geführt. Man kann wohl sagen, es ist die Ausnahme. Leipzig ist eine davon.

Stephan Abend ist Vorstandsvorsitzender seit dem 1. September 1991. Wir treffen uns in seinem Büro am traditionellen Platz des Leipziger KONSUMs in Leipzig-Plagwitz. Das Gebäude hat er erst kürzlich nach umfangreichen Umbauarbeiten bezogen.

»Schließlich mußten erst die Filialen modernisiert werden, bevor die Verwaltung dran war«, ist seine kurze Erklärung dazu.

Er ist ein »in der Wolle gefärbter Händler«, wie er es ausdrückt. Steht seit 1954 im Beruf. Arbeitete bei Lebensmittel-Filialisten, im Fruchthof Hamburg, bei der Gemeinschaft Deutscher Lebensmittel-Großhändler, war Direktor und Geschäftsführer in größeren Handelsunternehmen, u.a. bei coop..

Im Januar 1990 hat er erstmals die DDR bereist. »Ich habe damals den Vorsatz gefaßt, ich gehe in den Osten. Hier will ich mich engagieren«, sagt er und erinnert sich gleichzeitig daran, wie er bei seinem ersten Besuch der Stadt Leipzig bei heftigem Sturm auf dem Völkerschlachtdenkmal stand und auf die Stadt herunterschaute. »Hier ist mein Entschluß gereift, das war so eine Mischung aus Herausforderung und Idealismus.«

Er sah in der Rettung der Konsumgenossenschaft Leipzig und ihrer Anpassung an die Marktwirtschaft eine gewaltige Aufgabe. Bei ersten Gesprächen in Leipzig erkannte er schnell Wissensdefizite über die Mechanismen der Marktwirtschaft und stellte fest, daß keine schlüssigen Konzepte vorhanden waren.

Stephan Abend beschreibt die damalige Situation: »Jeder wollte die gewonnene Freiheit nutzen und sein eigenes Ding machen, aber keiner hatte rechte Vorstellungen davon. Ich war mir der Schwere der Aufgabe bewußt, hatte aber auch kein Patentrezept in der Hosentasche und schon gar keinen Zauberstab aus dem Westen mitgebracht. Meine Erfahrungen in der Leitung von Handelsbetrieben haben mir geholfen, die überzeugenden Entscheidungen zu treffen.« Er übernahm den KONSUM Leipzig, nunmehr bestehend aus den ehemaligen Konsumgenossenschaften Stadt und Kreis Leipzig sowie Kreis Delitzsch. Die daraus hervorgegangene Konsumgenossenschaft Leipzig eG trägt seitdem seine Handschrift.

»Augenblicklich mußten die vielen unrentablen Läden geschlossen und viele Mitarbeiter entlassen werden. Das Richtige konsequent und mit Tempo machen, bei allen Beteiligten Einsicht vermitteln, das war notwendig. Ich habe in dieser Zeit der Neufindung des Unternehmens KONSUM Leipzig großen Wert darauf gelegt, daß auch Mitarbeiter von anderen Unternehmen übernommen wurden, die sich für die neuen Aufgaben eigneten, damit sie nicht in die Arbeitslosigkeit gehen mußten. Wir standen ja nicht allein auf weiter Flur mit dem Neubeginn.

Eine weitgehende Analyse des Vermögens der Leipziger Genossenschaft, des Zustandes und der Lage der Geschäfte und der detaillierte Einblick in die Warenbestände ergab den nicht gerade rosigen Zustand der Genossenschaft. Aber eine Basis, auf der man aufbauen konnte.

Ebenfalls sofort mußte auch ein neues Abrechnungssystem gefunden, das überholte DDR-Organisations- und Abrechnungs-Zentrum völlig umgestellt und auf die neuen Verhältnisse zugeschnitten werden.

Vor allem mußte aber das Eigentum der Genossenschaft geschützt

werden, wir haben erst einmal die Sicherung der Dokumente über Grund und Boden und der Immobilien in Angriff genommen.

Das KONSUM-Gebäude in Leipzig-Plagwitz nach der Sanierung, Fuhrpark in den 20er Jahren

Nun waren die passenden und zuverlässigen Lieferpartner für alle Branchen zu finden und die Konditionen auszuhandeln.

Bis August 1994 war die Leihag, deren Mehrheit bei der coop Dortmund-Kassel lag und an der der KONSUM Leipzig beteiligt war, der wichtigste Lieferant. Der Vorstand kündigte den Gesellschaftsvertrag, denn die Leistungsfähigkeit der Leihag reichte nicht aus, um im aufkommenden Wettbewerb zu bestehen. Seitdem ist die EDEKA Minden-Hannover der Hauptlieferant für die Leipziger KONSUM-Märkte. Auch heute noch ist die EDEKA zuverlässiger Hauptpartner. Daneben wird natürlich mit vielen Streckenanbietern der Kontakt gepflegt.«

Stephan Abend spricht von drei wichtigen Phasen der Entwicklung der jungen, neu etablierten Genossenschaft: »In der ersten Phase ging es ums nackte Überleben. In der zweiten mußten die Struktur der Genossenschaft gefunden und das Ladennetz neu und umfassend

gegliedert werden. Die dritte Phase hatte dann die Gestaltung der Infrastruktur und die Datenbewirtschaftung zum Inhalt.«

Leipzig-Plagwitz, der Sitz der Konsumgenossenschaft, ist ein riesenhaftes, ehrwürdiges Geschäfts- und Lagerhaus, in den 30er Jahren des 20. Jahrhunderts erbaut. Wie ein gigantisches Schiff ragt es aus dem Gewerbegebiet Leipzig-Plagwitz hervor.

Dieses Grundstück zu verkaufen, kam für den neuen Vorsitzenden nicht in Frage. Mit einem Verkauf, so verlockend er auch war, um neue Liquidität für die Entwicklung der Genossenschaft zu erhalten, hätte man den Mitgliedern ihre Identität gestohlen. Die Restaurierung und Revitalisierung hat in den letzten Jahren begonnen. Der Eingangsbereich, das Treppenhaus und die Festsäle sind für eine Million Euro schon modernisiert. Auch die Büros der KONSUM-Zentrale.

Es begann mit dem »EXPO-Vorhaben auf dem Weg ins 21. Jahrhundert«. Gemeinsam mit der Stadt Leipzig, die 1927 schon einmal förderndes Mitglied der Genossenschaft war, wurde das Gebäude ein Beispiel für nachhaltigen Stadtumbau.

Das war gewissermaßen eine Initialzündung, inzwischen sind weitere Bereiche dieses prominenten Objekts saniert, ausgebaut und an die Nutzer übergeben worden.

Der ehemalige Handwerkerkomplex wurde entkernt und nutzerorientiert hergerichtet. Hier hat die All Hands – the Marketing-Group, ein Werbungs- und Kommunikations-Unternehmen, ihren Sitz. Es wächst etwas Gutes für die Genossenschaft heran. Schritt für Schritt wird in die KONSUM-Zentrale mit ihren vielen Partnern noch mehr Leben einkehren.

30000 qm Nutzfläche hat es. An der längsten Stelle ist es 212 m lang. Man hat vom »Oberdeck« einen wunderbaren Blick auf die Stadt.

Die Jahre 1992 bis 1996 bezeichnet Stephan Abend als sehr gute Jahre. Seit 1993 erhalten die Mitglieder jedes Jahr eine stattliche Dividende auf ihre Geschäftsguthaben. Zum 110jährigen Firmenjubiläum im Jahre 1994 gab es 12 % Jubiläumsdividende, später 8 % und aktuell 6 %. Seit 1993 wurden schon über 5 Millionen Euro Dividende gewährt. Das liegt erheblich über den konventionellen Geldanlagen, betont Abend gegenüber seinen Mitgliedern immer wieder.

Eröffnung einer neuen Filiale

Der Handel unter dem Motto »LIEBER ZU KONSUM« ist eine bekannte und beliebte Marke in Leipzig. 55 Supermärkte und 24 kleinere, sogenannte Nachbarschaftsläden, führt die Genossenschaft zur Zeit in Leipzig und um Leipzig herum.

Die Läden haben Verbindung zu den Kindergärten und anderen Einrichtungen in der Nachbarschaft, es gibt einen umfangreichen Service, flotte Werbeaktionen. Schon 1992 begann man damit, die ostdeutschen Produkte in den Märkten zu plazieren und zu favorisieren. Höhepunkte und Volksfeste werden durch den KONSUM Leipzig gestaltet. Das zieht und kommt an bei den Mitgliedern.

Ob im Leipziger Moritzhof, in der Delitzscher Fußgängerzone, in Möckern oder in Paunsdorf. Überall kennt und schätzt man den KONSUM. Das Logo der Konsumgenossenschaft »LIEBER ZU KONSUM« leuchtet in vielen Stadtteilen Leipzigs.

Unter dem Begriff »LOFEX« kann man beim KONSUM Leipzig auch per Internet einkaufen und sich beliefern lassen.

Ich treffe bei meinem Besuch in Leipzig auch Sieghart Koitzsch, einen gebürtigen Sachsen, einen von den vielen Einheimischen im Leipziger KONSUM. Er ist der Mann, der als Verantwortlicher für Bau und Immobilien in der Konsumgenossenschaft Leipzig das ehrgeizige Modernisierungsprogramm betreut, der zum Beispiel mit seinem Team in alle Märkte Brötchenbacköfen einbaut – und sich ärgert, wenn die neuen Märkte mit Graffiti beschmiert werden.

Er weiß viel über die Geschichte seines KONSUMs, die schon

1868 begann, aber erst im zweiten Anlauf mit der Gründung des KONSUM-Vereins Plagwitz 1884 richtig in Gang kam. Darüber, daß sein KONSUM in den 20er Jahren des vergangenen Jahrhunderts zu den 10 bedeutendsten der Welt zählte, und auch darüber, daß es die Genossenschaft zu dieser Zeit fertigbrachte, 30000 Mitglieder auszuschließen, weil sie mehr als zwei Jahre keinen Wareneinkauf mehr in den Verkaufsstellen der Genossenschaft nachweisen konnten, aber dennoch aus dem Geschäftsergebnis entsprechend ihrem Mitgliederanteil profitiert hatten. Ja, selbstbewußt waren die Leipziger Konsumgenossenschafter schon damals, und gerecht wollten sie zu allen Zeiten zu ihren Mitgliedern sein.

Gerade war der KONSUM-Gebäudekomplex in Plagwitz 1933 fertiggestellt, da kamen die Faschisten an die Macht und verboten die Konsumgenossenschaften. Aus den Mitgliedern machten sie kurzerhand eine »Gefolgschaft«, aus den Konsumgenossenschaften Verbrauchergenossenschaften als Teil des »Gemeinschaftswerks der Deutschen Arbeitsfront G.m.b.H. – Versorgungsring Leipzig«.

Und so erklärten sie es: »Um die großen Werte, die in den Einrichtungen der Konsumvereine festgelegt und die zweifellos gefährdet sind, nicht verfallen zu lassen, ist es nach Ansicht des Führers, des Reichswirtschaftsministers und der sonstigen zuständigen Stellen geboten, die Konsumvereine zwecks Abwicklung in sichere Hände zu nehmen. Es ist wünschenswert, daß die Konsumvereine zunächst in ihrer Tätigkeit nicht behindert werden. Es wird aber ausdrücklich betont, daß auf der anderen Seite ein weiterer Ausbau der Konsumvereine nicht erfolgen darf ... Mit der Durchführung der erforderlichen Maßnahmen hat der Führer der Deutschen Arbeitsfront, Pg. Dr. Ley den Leiter der Arbeiterbank Pg. Karl Müller beauftragt.« So stand es am 12. Mai 1933 im Völkischen Beobachter von Leipzig.

Auch in Leipzig war der Befehl 176 der Sowjetischen Militäradministration über den Wiederaufbau der Konsumgenossenschaften eine Befreiung besonderer Art. Die Genossenschaft in Leipzig begann nach dem 2. Weltkrieg wieder im Sinne ihrer Mitglieder tätig zu sein.

Man übernahm die Vermögenswerte, soweit sie noch vorhanden waren, »die Verkaufsstellen, Verteilungsstellen und Großhandelslager, die Mineralwasserherstellung, die Spirituosenabteilung, die Kaffeerösterei, die Mühle, mehrere Bäckereien, das Kohlelager, die technischen Werkstätten, den Fuhrpark und eine Fleischerei«.

Wir lassen nun die sozialistische Zeit Revue passieren mit ihren Engpässen und der planwirtschaftlichen Verteilung der Waren. In dieser Zeit ist Sieghart Koitzsch aufgewachsen, hat Schule und Studium absolviert, schlug eine Promotion aus, um doch lieber praktisch tätig zu sein. Er wußte, daß es im Sozialismus keine fertigen Lösungen gab, daß man nur etwas werden konnte, wenn man praktisch veranlagt war und improvisieren konnte. So sagt er: »Ich wollte Brötchen backen, für die ich auch den Teig hatte.« Heute offenbart er auf die Frage nach den Marktchancen der Leipziger Konsumgenossenschaft, auch wieder in der Bäckersprache, die den Konsumleuten so geläufig ist: »Mit unserem Modernisierungsprogramm verteidigen wir das Stück Kuchen, das wir in uns in Leipzig gebacken haben.«

Wir reden über die Fusion der Konsumgenossenschaften Stadt Leipzig, Kreis Leipzig und Delitzsch zum 1. Januar 1991 und die erfolgreiche Expansion, und daß sich der Leipziger KONSUM erfolgreich behauptet mit inzwischen 79 Supermärkten und 42000 Wochenkunden im Ladennetz.

Stolz klingt bei Sieghart Koitzsch an, als wir über den neugestalteten Supermarkt im Leipziger Musikviertel, in der Johann-Sebastian-Bach-Straße, sprechen, wo man in riesiger Aufmachung das Konterfei Johann Sebastian Bachs an der Fassade sehen kann. Oder über den neugestalteten Supermarkt in der Leipziger Grassistraße. Hier schlugen die KONSUM-Leute dem »servicearmen und schmalen Angebot der Discounter« ein Schnippchen, sorgten für mehr »Lebensqualität und Einkaufsvergnügen«. Immerhin der 14. umgestaltete Supermarkt der Konsumgenossenschaft seit dem Jahr 2000. »Die Mitglieder und Kunden schätzen unsere Initiative um bessere Verkaufsatmosphäre und schönere modernere Supermärkte und danken es mit guten Umsätzen«, sagt er.

Die aktuellen Umsatzrückgänge, ausgelöst durch die EURO-Umstellung, die schlechte Wirtschaftssituation, die Arbeitslosigkeit und manch andere Besonderheiten haben auch den Leipziger KONSUM getroffen. Aber Stephan Abend sagt: »Unsere Existenz ist trotz aller Risiken nicht gefährdet. Das Unternehmen ist seit 1884 mit Leipzig verbunden. Und das soll auch in Zukunft so bleiben.«

Dresdner Impressionen

Seit 1888 gibt es den KONSUM Dresden. Zunächst als Konsumverein »Vorwärts« für Dresden und Umgebung. Jahrzehntelang muß er sich gegen heftige Angriffe wehren. Von der Konkurrenz der großen und kleinen Händler, alteingesessenen Geschäftsinhabern, Lieferanten, Vermietern. Auch vom Dresdener Stadtrat, der 1904 beschließt, daß Städtische Arbeiter und ihre Ehepartner nicht mehr Mitglied im KONSUM-Verein sein dürfen. Nach heftigen Protesten beim Oberbürgermeister muß der Beschluß zurückgenommen werden.

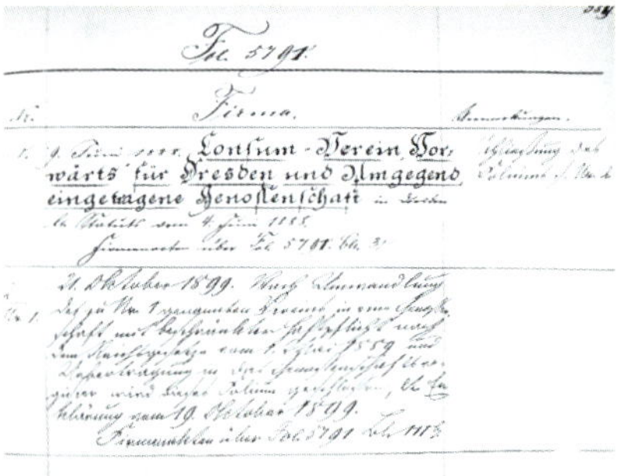
Konsum-Verein Vorwärts für Dresden und Umgegend eingetragene Genossenschaft

Der KONSUM Dresden übersteht Kaiser, Inflation und Kriege, die DDR und die Wende. Ist heute offensiv am Markt. Eine lange und ereignisreiche Geschichte bis zur KONSUM Dresden eG, wie die Genossenschaft heute heißt.

Günter Schmiechen, Jahrgang 1940, hat viele Erinnerungen an seine Zeit beim Dresdner KONSUM. Er sollte nach dem Studium der Handelsökonomie Nordlandfahrer werden, das »rückständige Mecklenburg« unterstützen, das wollte er aber nicht. Ging nach Dresden, auch wenn es das sogenannte »Zuzugsverbot« gab, und machte Karriere beim KONSUM. Vom Verkäufer über den Betriebsteilleiter bis zum Vorstandsvorsitzenden. Dieses Amt übte er von 1988 bis 2001 aus. Obwohl er genau das nicht wollte.

»Aufgaben und Verantwortung reizten mich schon, aber diese hohe ›politische‹ Verantwortung als Verpflichteter für die ›Vertraulichen Verschlußsachen‹ war mir suspekt.«

Als Schutzschild verwendete er seine Westverwandtschaft. Seine Strategie ging 16 Jahre lang auf, er blieb ein Mann der zweiten Reihe.

1988 fiel bei einer Prüfung auf, daß es bei der Konsumgenossenschaft fast nur neue PKWs gab, weil die verschlissenen Autos immer in die Generalreparatur gegeben wurden und als völlig neue wieder zum Vorschein kamen. Diese Handlungsweise war nicht statthaft. In der Tat: Beim KONSUM Dresden wurden aus alten immer wieder neue Fahrzeuge gemacht. Das ist ja eigentlich nichts Kriminelles, eher schon charakteristisch für die DDR. Aber man kam dahinter, daß mit dieser Verfahrensweise staatliche Bilanzen umgangen wurden. Das war Verschwendung genossenschaftlicher Finanzmittel! Der langjährige Vorsitzende wurde per Schnellverfahren aus dem Amt entlassen.

Als Nachfolger kam nur ein Kader in Frage, der Genosse Günter Schmiechen. Seit 1988 war er also der Vorsitzende bzw. Sprecher der Konsumgenossenschaft Dresden. Damals ahnte er noch nicht, was mit der Wende und den Jahren danach alles auf ihn zukommen würde.

Im »Tal der Ahnungslosen« war die Vorwendezeit besonders brisant. Günter Schmiechen nahm in der Betriebszeitung immer aktuell und forsch Stellung zur jeweiligen Lage, nutzte die Veranstaltungen der Genossenschaft, um für die »Freiheit der DDR-Bürger« einzutreten, erwarb sich das Vertrauen seiner Mitarbeiter.

Seine größte Sorge war, wie es gelingen würde, die Konsumgenossenschaft ins marktwirtschaftliche Fahrwasser zu bringen. »Diese Zeit«, sagt er, »war voll von täglich neuen Konzepten, Zweifeln, Irrungen und Wirrungen, Ängsten, richtigen und falschen Ratschlägen.«

Der Bezirksverband Dresden wollte alle »Schäfchen«, sprich alle Konsumgenossenschaften des Bezirkes, unter seinem Mantel behalten, sich selbst retten und vier Konsumgenossenschaften bilden. Schmiechen hatte seine Zweifel an diesem Konzept, und als seine Vertrauten zu ihm sagten: »Mit dem Bezirk bitte nicht, laß es uns alleine versuchen«, kam es zum Bruch mit dem Bezirksverband Dresden, und man wagte den Alleingang. Dieser Schritt hat sich aus späterer Sicht als einzig vernünftiger Weg erwiesen.

Dresdens geografische Lage, nicht nahe genug an westlichen Gefilden, ließ eine Direktbelieferung nicht zu. Der Handelsriese ASKO bemühte sich intensiv um die Dresdner. Den Dresdnern blieb keine andere Wahl, als sich zu diesem Zeitpunkt der KONSUM-Interbuy anzuschließen. Schon bald bezog der KONSUM Dresden drei Viertel seiner Waren aus den Interbuy-Lagern des ehemaligen WtB-Großhandels, die je zur Hälfte der ASKO Saarbrücken und dem damaligen Verband der Konsumgenossenschaften Berlin gehörte.

Schon Mitte 1991 trennte man sich wieder, die Interbuy war nicht bereit, einheimische Produkte, die die Dresdner kannten und auf die sie nicht verzichten wollten, im erforderlichen Maße in ihr Lieferprogramm aufzunehmen.

Die Konsumgenossenschaft Dresden bezog ihre Ware nun bei den Konkurrenten Spar, Edeka und Dohle, die gern, natürlich nicht selbstlos, einsprangen und sich Geschäfte auch für die Zukunft errechneten.

Die Dresdner fanden in der Firma Frey und Kissel aus Landau einen neuen, günstigeren Kooperationspartner. Jahrelang erwies sich diese Beziehung als vorteilhaft, wenn auch inzwischen auf der Suche nach besseren Konditionen der KONSUM Dresden mit der EDEKA Nordbayern zusammenzuarbeitet.

»Frida«-KONSUM Frische-Shops nennen sich die freundlichen, kleinen Nahversorger-Läden in Dresden. In der einzigartigen Neustädter Markthalle, die als die schönste Speisekammer Dresdens gilt, hat der KONSUM das Sagen, und in den Super- und Frischemärkten der Konsumgenossenschaft floriert das Geschäft. Über 1000 Mitarbeiter sorgen in fast 50 Filialen für eine zukunftsweisende Verkaufskultur.

Und überall an den Märkten prangt am Eingang das rot/blau/weiße KONSUM-Schild mit der Aufschrift »seit 1888«. Der KONSUM Dresden ist erneut eine bekannte und anerkannte Marke im Revier.

»Wir sind farbiger, service-betonter, angenehmer und bequemer, aber auch ein wenig teurer als die Discounter. Von den Kartongeschäften haben wir uns verabschiedet, um diese neue anspruchsvollere Linie zu fahren. Damit bieten wir den Dresdnern eine Alternative und zugleich Ergänzung zur Selbstbedienung an«, erfahre ich vom Vorstandsmitglied Roger Ulke, der das Marketing leitet. »Unsere

Märkte befinden sich oft in der Nähe von Discountern, die sich als nützliche Kundenbringer offenbaren.«

Alle Handelsketten haben in letzter Zeit geringere Umsätze zu verzeichnen, die großen und die kleinen Geschäfte. Aber die Kunden und treuen Mitglieder honorieren die Anstrengungen ihrer Genossenschaft zur neuen Entwicklung des KONSUMs in Dresden mit akzeptablen Einkäufen. Besonders gut angenommen werden die »Inseln der Frische«. Anders als in den herkömmlichen Supermärkten, wo der Kunde im Rechtsdrall durch den Markt und nacheinander an die längsseits der Außenwand befindlichen Frischestände geführt wird, haben die Dresdner die Frischeinsel in die Mitte des Supermarktes gestellt, ähnlich einem zentralen Marktplatz, mit vielen kleinen zum Kauf animierenden Frischeständen und netten Verkäuferinnen dahinter. Wie eine Landhausküche mutet sie an, die Bedientheke in der Mitte des Marktes.

Schon zwei Mal hat die Konsumgenossenschaft Dresden den »Deutschen Frucht-Preis«, gestiftet von einer bundesweit anerkannten Lebensmittel-Fachzeitschrift, nach Dresden geholt. Nachdem 2001 ein Frida-Frische-Markt diese Auszeichnung erhielt, hat sie nun die Schiller-Galerie, ganz in der Nähe der berühmten Dresdner Elbbrücke »Blaues Wunder«, erhalten. Es ist ein Supermarkt, der 150 Obst- und Gemüseartikel bereithält, darunter auch Bio-Produkte und Exoten.

Der Erfolg der Dresdner führte vor ein paar Jahren zu einer Sensationsmeldung der Presse: die Übernahme von 14 Märkten der in

Insolvenz gegangenen KAISERs-Kette durch die Konsumgenossenschaft Dresden eG. Das hielten selbst die Mitglieder zunächst nicht für möglich, hatten ungläubig gefragt: »Schafft ihr denn das?« Und mancher Brancheninsider fragte: »Wer ist schon der KONSUM?« Mit klaren Zielen gingen die KONSUM-Leute an ihre neue Aufgabe. Allen Neidern zum Trotz versorgen auch gegenwärtig noch alle 14 ehemaligen KAISERs-Märkte ihre KONSUM-Kunden.

Mit der Neustädter Markthalle, 1899 erbaut, die der KONSUM Dresden schon in der DDR-Zeit betrieb, verbinden sich auch ein paar Sorgen für den Vorstand. Nachdem der KONSUM sie 1997 erworben und für viel Geld aufwendig restauriert hatte, ist sie – mit Weinkeller, rustikaler Gastronomie, einem großen Frische-Markt und vielen kleinen Händlern aus den unterschiedlichsten Branchen und Nationen – zwar ein Magnet für Anwohner und Touristen. Doch Sorgen kommen, weil das Vermietungskonzept noch nicht richtig aufgegangen ist. Wenn nämlich der ein oder andere kleine Händler wieder abspringt, weil er seinen Mietbeitrag nicht erwirtschaftet oder in ungewollte Konkurrenz kommt, bleibt schon mal ein Stand zeitweise unbesetzt. Aber das bringt andererseits auch neue Bewegung und Veränderungen in diesen Einkaufspalast mit den schmiedeeisernen Geländern, kunstvollen Eisentreppen und Gründerzeit-Laternen.

Geht man davon aus, daß der KONSUM mit seinen Märkten mehr als 20 % des Einzelhandels-Umsatzes in Dresden erwirtschaftet, kann man ihm wohl eine gute Perspektive prophezeien.

Lobensteiner »Köstliches«

Horst Böckel, Vorstandssprecher der Konsumgenossenschaft Lobenstein eG, zitiert den Neu-Jenaer Lothar Späth, der sagte: »Wenn ein Betrieb wartet, daß ein Westbetrieb kommt, ist er schlecht beraten; wer sich selbst nicht hilft, ist tot.« Das beherzigten der ehemalige Hauptbuchhalter als Vorstandssprecher und sein Vorstandskollege Manfred Hirt und kämpften verbissen an der Handelsfront in Lobenstein.

Heute sind beide Rentner, führen aber auch jetzt noch ihre Konsumgenossenschaft. Ehrenamtlich. Zwei kompetente Mitarbeiterinnen stehen ihnen zur Seite. Und das ist schon die ganze KONSUM-Verwaltung.

Denn das Handelsgeschäft macht die 1992 gegründete EGLO Handelsgesellschaft GmbH & Co. KG mit 60 Mitarbeitern. Für Lobenstein ein beachtliches Unternehmen. Sie ist zugleich der Hauptmieter der Immobilien der Konsumgenossenschaft Lobenstein.

Lobenstein ist noch Thüringen, am Nordhang des Frankenwaldes gelegen, 6 km von Oberfranken entfernt.

Als ich im Frühjahr 2003 nach Lobenstein fahre, zeigt sich mir ein kleines buntes Städtchen mit angenehmer Atmosphäre, das mit seinen alten Häusern malerisch in den Thüringer Bergen liegt. Alles grünt, die Sonne scheint, es herrscht reges Markttreiben, viele Urlauber finden hier Erholung.

Das in den traditionellen Farben gehaltene Logo LOBKAUF sticht mir ins Auge. Das LOBKAUF Kaufhaus ist der Platzhirsch in Lobenstein – das riesige Kaufhaus im Ortsmittelpunkt, das dem KONSUM gehört, hat 3000 qm Verkaufsfläche. Hier bekommt der Kunde alles, was er braucht, entweder durch die EGLO-Gesellschaft selber angeboten oder aber von eingemieteten Geschäftsleuten.

Böckel erzählt, daß die Genossenschaft die seinerzeit angestrebte Fusion mit Gera ausgeschlagen hat. Sein Ziel ist, alles nach der Wende Geschaffene »noch recht lange zu erhalten und mit gesunden Finanzen an einen Nachfolger zu übergeben«.

Als er 1991 einen Kredit angeboten bekam – Besicherungsmöglichkeiten waren vorhanden –, griff er zu. Damals war es lebenserhaltend, heute ist es sein Hauptproblem, die Kredite zu bedienen, die Zinsbelastungen machen ihm zu schaffen, er will das Kreditvolumen nach unten drücken.

1999 hat die EGLO in Lehesten, einem Ort in der Nähe, eine neue Verkaufsstelle eröffnet. Das 1876 gebaute Gebäude gehörte dem damaligen Consum-Verein. Böckel und seine EGLO betreiben also gewissermaßen KONSUM-Traditionspflege.

Horst Böckel und Manfred Hirt sind Männer des Territoriums. Sie kennen den ehemaligen Kreis Schleiz wie ihre Westentasche und sagen von sich selbst, daß sie bekannt sind wie bunte Hunde. Und deswegen wird alles, was sie machen, von den Einheimischen genau beobachtet. Jede Maßnahme muß genauestens überlegt sein, die KONSUM-EGLO kann nicht etwa beliebig Läden schließen, das würden ihnen die Mitglieder und Kunden übelnehmen. Nur mit der Wirtschaftlichkeit muß es eben auch stimmen.

Dividende kann nicht gezahlt werden. Die Gewinne, wenn überhaupt welche ankommen, wären zu klein, um noch Ausschüttungen machen zu können, sagt Horst Böckel mir in aller Offenheit.

Auf meine Frage, ob es denn den KONSUM auch in zehn Jahren noch geben wird, antwortet der Vorstandssprecher, daß er seine optimistische Auffassung im Verlauf der Jahre ändern mußte. Die Umsätze sind rückläufig. Die EGLO bringt nicht durchgängig den Erfolg, der mit ihrer Gründung beabsichtigt war. Die KONSUM-Verbundenheit wird auch weniger, meint er, die Mitglieder werden immer älter und neue, jüngere Kunden kommen zu wenig.

Andererseits ist die Konsumgenossenschaft stabil, so daß sie manches ausgleichen kann.

»Kleinere backen eben kleinere Brötchen. Aber das geht auch!« ist sein abschließender Kommentar.

Ich mache noch einen Bummel durch das kleine Moorbad-Städtchen. Es ist angenehm hier. Die Häuser haben helle, freundliche Farben, alles ist ansprechend rekonstruiert. Nette, freundliche Menschen.

Bei mir stellt sich der Mittagshunger ein. Ich habe Appetit auf ein Rostbrätel mit Zwiebeln. Wenn man schon mal in Thüringen ist! Wie das Leben so spielt, komme ich an den Lobensteiner Marktstuben vorbei. Ich weiß noch nicht, daß es einmal eine KONSUM-Gaststätte war.

Ich studiere die Speisekarte: »Einheimische Spezialitäten und feine internationale Küche.« Moderate Euro-Preise.

Es ist noch ziemlich früh, das Mittagsgeschäft wird vorbereitet. Ich komme mit dem Küchenmeister, der auch Inhaber von Hotel und Gaststätte ist, ins Gespräch. Hermann Stiegler ist Lobensteiner. Vor der Wende war er in diesem Haus Gaststättenleiter des KONSUMs. Machte hier in der Preisstufe II 1 Million Mark Umsatz pro Jahr. »Jeder Stuhl wurde am Tag viermal umgeschlagen. Es war immer voll«, erzählt er mir. Das Hamburger Schnitzel mit Bratkartoffeln und Rosenkohl gab's für 3,70 Mark, die Soljanka für 1,35 Mark, den Kesselgulasch für 2,40 Mark, den Eisbecher mit Früchten und Eierlikör für 2,70 Mark, Spiegeleier mit Bratkartoffeln, Bock- und Bratwurst schon für eine Mark, das Glas Pilsener für 51 Pfennige. Lang, lang ist's her.

Er hat gleich nach der Wende die Chance beim Schopf gefaßt, hat das Haus gekauft und sich hier gemeinsam mit seiner Frau selbständig gemacht. Sie hantiert gerade am Tresen, betreut die Gäste aufmerksam.

Ich hatte nicht erwartet, hier einen »Langjährigen« vom KONSUM zu finden. Und dann noch einen, der so viel Interessantes über die DDR-Zeit erzählen kann.

Nachdem ich ihm erklärt habe, was mich nach Lobenstein gebracht hat, kommen wir ins Plaudern. Unter KONSUM-Brüdern spricht sich's halt leicht.

Bei einem späteren Besuch lerne ich auch seinen Weinkeller kennen. Denn er ist Weinsammler, Weinkenner, Weinliebhaber, Weinlehrer, spricht vom Weingenuß als »Gaumenspektakel«. Als Mitglied der Weinbruderschaft Saale/Unstrut, einer Vereini-

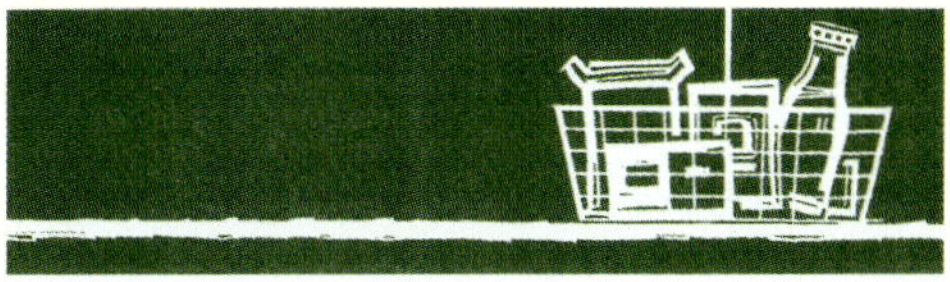

Einige Angaben über die

LEBENSHALTUNGSKOSTEN

in der

Deutschen Demokratischen Republik

		DM
50 kg Kartoffeln		*4,50*
1 kg Roggenbrot		*0,48*
1 kg Schweineschmalz		*2,70*
1 kg Schweinefleisch	*3,60 bis*	*7,80*
1 kg Margarine	*2,— bis*	*4,—*
1 kg Molkereibutter		*9,80*
1 l Vollmilch		*0,68*
1 kg Heringe		*0,66*
1 kg Seefische a. o. K.	*1,14 bis*	*2,78*
1 Zigarette	*0,06 bis*	*0,24*
1 Anzug	*etwa 130,— bis*	*270,—*
1 Paar Schuhe	*etwa 15,— bis*	*45,—*
1 qm Wohnraumfläche	*0,65 bis*	*0,90*
1 kWh Haushaltsstrom		*0,08*
1 cbm Gas		*0,16*
50 kg Braunkohlenbriketts		*1,90*
1 km Eisenbahnfahrt		*0,08*

IN DEN KONSUM-GASTSTÄTTEN
werden Speisen zu folgenden Preisen in der Preisstufe I angeboten:

	DM
Tasse Brühe, ¼ l	*0,15*
Tagessuppe	*0,50*
Eintopfgericht (Erbsen und Speck)	*0,80*
Eintopfgericht (Linsen mit Rindfleisch)	*1,15*
Portion Kartoffelsalat	*0,30*
Fischfilet mit Kartoffelsalat	*1,—*
Bratkartoffeln mit 2 Rühreiern	*1,25*
Rotwurst mit Kartoffelpüree	*1,—*
Schweinerippchen mit Gemüse	*1,30*
Klops mit Kapertunke und Kartoffeln	*1,05*
Gulasch mit Kartoffelklößen	*1,35*
Deutsches Beefsteak mit Gemüse	*1,45*
Schweinekotelett mit Kartoffeln und Gemüse	*1,80*
Schweinebraten mit Sauerkohl	*1,80*
Rinderroulade	*1,95*

4

gung von Weinfreunden, nimmt er an Konvents und Weinverkostungen teil und beurteilt die dort kredenzten Weine. Dazu sagt er mit einem Schmunzeln: »Wir opfern uns heroisch für unsere Gäste.«

Vor der Wende hat er selbst Schnäpse angesetzt. Mit 100prozentigem Alkohol, Ginseng, Tausendgüldenkraut, Enzian. Ich verkoste einen aus einer sehr großen Flasche, die er im Keller bereithält. Schmeckt prima, aber viel darf man davon nicht trinken.

Von seiner Meisterprüfung zum Küchenmeister erzählt er: »Mein erstes Menü wurde mit einer 5 bewertet. Ich fiel durch. Die Kalbsmedaillons, die ich zubereitet hatte, waren gelungen. Ich hatte mich selbst übertroffen. Farbspiel, Geschmack, Zusammensetzung stimmten. Aber die Jury hat sich an dem Namen gestoßen. Die Kalbsmedaillons nannte ich ›Elysee‹. Das ging nicht, war französisch, ›nach Kreml-Art‹ wäre wohl besser gewesen.« Er lacht. Er muß doch noch den richtigen Namen gefunden haben, schließlich machte er seinen Studienabschluß mit einem »Sehr gut«.

Er erzählt mir die Geschichte von seinen zwei Speisekarten, die er zu DDR-Zeiten in jeder Woche fertigte.

Seine Speisekarte war wöchentlich beim Vorstand vorzulegen, damit der kontrollieren konnte, ob die Waren-Reglementierungen auch eingehalten wurden. Es durften keine »Edelfleischteile« angeboten werden, außerdem hatte man die »Versorgungsschwerpunkte« wie Eierspeisen, fleischlose Gerichte, Innereien, Spitz- und Kniebeine, Kohl, Geflügel und Kaninchen zu berücksichtigen. Was gerade so anlag.

»Nimm ein Ei mehr!« war so eine bekannte Losung, wenn die Kühlhäuser voll mit Eiern waren. Von Cholesterin sprach damals niemand. War die Kartoffelernte schlecht ausgefallen, mußten Brot, Reis und Nudeln angeboten werden. Die Kartoffeln, das echte Volksnahrungsmittel, durften dann nicht noch in den Gaststätten verschleudert werden. Die echten Thüringer Kartoffelklöße, die er nach dem Rezept seiner Großmutter Cäcilie zubereitet – aber das ist eine andere Geschichte –, gab's dann auch nicht.

Da er gute Beziehungen zum Fleischkombinat pflegte, kam er gelegentlich auch an Ware heran, die andere nicht bekamen. Aber sein Vorstand vom KONSUM durfte nicht wissen, was er alles so im Angebot hatte. Und er selber wollte seine Vorgesetzten nicht in Schwierigkeiten bringen. Also machte er eine Karte mit dem Pflichtangebot zur Kenntnis für den Vorstand, die auch zur Legitimation außen am Gebäude hing. Und eine weitere, die für die Gäste auf den

Tischen lag. »Heute kann ich das ja erzählen: die Welt wollte damals bemogelt werden«, ist sein Kommentar dazu.

Selbst ist der Mann, hat er sich in dieser Zeit oft gesagt und Schweinebäuche, Rippen, Leber, Lunge und andere Fleischsorten zu hausschlachtener Wurst in seiner Küche verarbeitet. Die Gäste waren begeistert.

Und gleiches erreichte er bei einem Erntedankfest in Remptendorf Kreis Lobenstein. Stiegler und sein Team waren vom KONSUM-Vorstand für die Bereitstellung der Thüringer Rostbratwürste verantwortlich gemacht worden, und die sollten Punkt 13 Uhr fertig sein. Natürlich waren sie fünf Minuten vorher fertig, brutzelten, rochen gut auf dem Holzkohlengrill. Aber die Eröffnung des Erntedankfestes verschob sich. Landwirtschaftsminister Felfe sollte eine kurze Rede halten, verspätete sich aber. Und erst danach sollte der Startschuß für den Verkauf der Würste gegeben werden. Hermann Stiegler konnte nicht auf den Minister warten, in einer halben Stunde wären die Bratwürste als solche nicht mehr zu erkennen gewesen. Außerdem standen die Leute schon Schlange. Geruch und Dampf machten nun mal Appetit. Das hat mit Politik nichts zu tun. Als die Würste kurz vor der Verkohlung waren, schob er den Vorstand, der über die Einhaltung der Vorgaben wachte, kurzerhand in ein Zelt und sorgte dafür, daß er dort in ein Gespräch verwickelt wurde. Das Bratwurst-Festmahl wurde in Abwesenheit des Ministers eingenommen, und niemand von den Essern vermißte ihn.

Als 1987 auch in Lobenstein unter dem Motto »Kampf um die Ware« die Parole ausgegeben wurde, jeder Kreis solle sich mit allen Waren selber versorgen, sah es nicht gut aus für die »tägliche bedarfsgerechte Versorgung der Bevölkerung«. Als dann aber wenig später auch noch die Order kam, der KONSUM Lobenstein müsse zur 750-Jahrfeier den Berlinern und ihren Besuchern Thüringer Spezialitäten auftischen, platzte ihm der Kragen. Es nützte nichts, die Berliner Aktion wurde pflichtgemäß absolviert. Der Lobensteiner Troß zog mit Rostbrätl, Klößen und Bratwurst für die Festtage nach Berlin und verkaufte die Thüringer Spezialitäten an hübsch dekorierten Buden auf dem Alex.

So war das eben damals.

Eine unverfälschte Konsumgenossenschaft

»Wir bleiben eine lupenreine Konsumgenossenschaft mit langer Tradition, mit dem dazugehörigen Einzelhandel, zum Wohle unserer Mitglieder. Da kann kommen, was will«, sagen Christa Paetow, die Vorstandsvorsitzende, und Gesa Schwertfeger, Vorstandsmitglied der Konsumgenossenschaft Hagenow eG, als wir uns in der Konsumverwaltung treffen. Die Vorsitzende fügt hinzu: »Der KONSUM ist mein Leben, meine Verantwortung. Wenn ich mal aufhöre, will ich ein bestelltes Haus an meinen Nachfolger übergeben.«

Dabei hatte es zunächst nicht gut ausgesehen mit dem KONSUM Hagenow, der ehemals flächengrößten Konsumgenossenschaft der DDR mit ihren zahlreichen klitzekleinen Landläden und Ländlichen Einkaufszentren. 1000 Leute mußten nach dem Neubeginn entlassen werden, mehr als die Hälfte der Läden war – wie die Vorstandsmitglieder sagen – »ziemlich schrottig«. Außerdem »mußten die nur in der Verteilung geübten Mitarbeiter quasi über Nacht erst mal richtig verkaufen lernen. Dem Kunden die ihm gebührende Ehre zu geben, um ihn zu werben. Das war gar nicht so einfach.«

Die Damen des Vorstandes erinnern sich unter dem Motto »Weißt du noch?« an die damals brennenden Fragen, die vor jeder Genossenschaft standen. Und an die Sache mit »Kurti«, ein nach einer Ausschreibung durch den Aufsichtsrat frischimportierter Manager aus einem süddeutschen Handelskonzern, der stets betonte, jung und dynamisch zu sein. Davon stimmte jedoch nur, daß er relativ jung war. Seine vermeintliche Dynamik richtete sich darauf, alles umzukrempeln, ohne auch nur im entferntesten zu berücksichtigen, was im Osten Deutschlands und besonders im KONSUM Hagenow traditionell gewachsen war. Und davon gab und gibt es sehr viel in Hagenow, Boizenburg, Lübtheen und woanders an der Elbe und auf dem flachen Lande der Region.

Er spielte dann auch nur ein halbes Jahr in Hagenow die erste Geige. Dann wurde dieses teure Intermezzo beendet, »Kurti« vom Aufsichtsrat wegen Nichteignung entlassen.

»Viel herausgekommen ist mit seiner Anwesenheit bei uns nicht, aber eine Menge gewichtiger Erkenntnisse haben wir gewonnen, das steht mal fest«, sagt die Vorstandsfrau.

Dafür erinnern sich die Hagenower gern an eine andere Episode. Unter dem Titel »Alt hilft Jung«, einer Initiative zur Hilfe in den neuen Bundesländern, kam der ehemalige Sparkassendirektor aus Wilhelmshaven, Rolf Breitlauch, als rüstiger Rentner im Rahmen einer Seniorenberatung zum KONSUM Hagenow. Gemeinsam mit dem Vorstand, einer Unternehmensberatungsgesellschaft und der Sparkasse Ludwigslust gelang es ihm, ein schlüssiges Konzept zu erarbeiten, das die Landesregierung von Mecklenburg-Vorpommern bewog, für die beantragten Investitionsmittel eine Bürgschaft von 3,9 Millionen DM zu geben.

Der Vorstand konnte 1994 endlich darangehen, umfangreiche Investitionsmaßnahmen vorzunehmen.

Nur ganz wenigen Konsumgenossenschaften ist es gelungen, in den Genuß einer Bürgschaft ihres Bundeslandes zu kommen, um sich damit den Fortbestand und die Erneuerung zu sichern.

Inzwischen sind neue KONSUM-Frischemärkte in Wittenburg und Hagenow entstanden, die sich gut rechnen und von denen die Kunden mit Achtung sprechen. Heute stellt sich der KONSUM Hagenow als eine symphatische Genossenschaft dar, die den Willen ihrer Mitglieder nicht aus dem Auge verliert. Die Mitglieder haben natürlich auch etwas von der guten Arbeit ihrer Konsumgenossenschaft. Sie kaufen nicht nur niveauvoll in den Land- und Frischemärkten sowie diversen Non Food-Märkten ihres KONSUMs ein, sondern erhalten auch bereits seit 6 Jahren eine Dividende auf ihre Anteile von 5%. Das Hauptgeschäft machen die Hagenower mit Lebensmitteln. Beliefert werden sie zuverlässig von der EDEKA Malchow. Das blaue KONSUM-Zeichen sieht man oft im Landkreis Ludwigslust. Im Non Food-Bereich heißen die Märkte City-Chic, City-Schuh oder Glasstübchen, das auch früher schon so hieß.

Einen eigenen, ebenfalls einträglichen Großhandel leisten sie sich bei den Getränken. Ein

Betriebsteil des Hagenower KONSUMs ist der Getränkefachgroßhandel, hervorgegangen aus dem ehemaligen Getränke-Herstellungsbetrieb der Konsumgenossenschaft, der vor der Wende alkoholfreie Getränke wie Club-Cola, Capri, Karena und Maracuja oder der 12-Pfennig-Selters produzierte. Als Großhändler beliefert er heute nicht nur die eigenen KONSUM-Märkte, sondern über 200 weitere Kunden aus Handel und Gastronomie im Kreis Ludwigslust.

»Als mittelständisches Unternehmen rechnen wir uns auch neben den großen Handelsketten gute Chancen als Nahversorger und auf dem Lande aus«, sagt Christa Paetow. »Die Praxis zwingt uns, monatlich die Rentabilität eines jeden Marktes zu rechnen. Unser Handelsgeschäft ist die Seele des Unternehmens. Dafür spricht das gute Verhältnis aller Mitarbeiter zueinander und unsere Verantwortung für die Beschäftigten. Es ist auch eine Selbstverständlichkeit, daß wir unsere Mitarbeiter nach gültigem Tarif bezahlen. Die Tüchtigkeit und der Fleiß unserer Belegschaft, ihre ständige Ergänzung durch unsere Lehrausbildung und die Treue der Kunden und Mitglieder in Stadt und Land sind meines Erachtens ein Garant für die Zukunft des KONSUMs Hagenow.

Dazu gehört natürlich auch, in den Sortimenten Verschiebungen vorzunehmen. Auch wird sich nicht vermeiden lassen, das eine oder andere Geschäft zu schließen oder umzuprofilieren, an besseren oder ertragreicheren Standorten zu bauen. Dort, wo es am besten paßt. Oder für Parkplätze zu sorgen, mit neuen Dienstleistern zusammenzuarbeiten oder auch mit neu auf den Markt stürmenden Sortimenten zu handeln.«

Sie handeln jetzt im neuen Stil, vergessen dabei aber nicht ihre Region, denken an die Ostprodukte, die wieder gefragt sind. Die Hagenower Klöße und das Kartoffelpüree, den Senf aus Perleberg, die Ludwigsluster Fleischwaren, das herrliche Landbrot aus den Mecklenburger Landbäckereien und die Feinkostartikel aus Schwerin und Wittenburg.

Die hauseigenen Backöfen mit stets ofenfrischen Brötchen und der angenehme Duft in den Frischemärkten sind für ihre Kunden und Mitglieder schon lange zur Selbstverständlichkeit geworden.

Da, wo der Hagenower KONSUM ist, sieht man auf den Flaggen nicht nur das blaue K weithin leuchten. Da sieht man auch, wie dem Kunden der Einkauf Spaß macht.

KONSUM-Nostalgie und Huckepackstation

»Wenn Sachsen-Anhalt in zehn Jahren nicht entvölkert ist, dann gibt's auch den KONSUM noch.« Das sagt mir in der Konsumgenossenschaft Burg-Genthin-Zerbst eG die Vorsitzende Barbara Krause.

Das Gebiet dieser Genossenschaft erstreckt sich von den Altkreisen Burg, Genthin und Zerbst bis nach Ziesar in Brandenburg und Jüterbog im ehemaligen Bezirk Cottbus.

Hier wird unter KONSUM firmiert. »Die Leute auf dem Dorf sagen auch heute noch, wir gehen zum KONSUM.« Die Leute haben noch ihren alten Bezug zum KONSUM, gehen gerne dort einkaufen und klönen, auch wenn man nicht die großen Sortimente, wie auf der grünen Wiese findet. »Wichtiger als die Parkplätze sind hier die Fahrradständer.«

Wir »nostalgieren« ein wenig, erinnern uns an die Mangelwirtschaft, zum Beispiel gab es für die Autos immer zu wenig Zylinderkopfdichtungen. Sie kosteten zwar nur 18 Mark pro Stück, aber sie mußten aus Ungarn »besorgt«, sozusagen eingeschmuggelt werden. Es war nicht erlaubt, aber geholt wurden sie doch. »Die Autos mußten doch rollen und die Leute versorgen. Das war schließlich unsere Pflicht, sagten die Vorstände damals.«

Den legendären Wein aus den sozialistischen Bruderländern »Rosenthaler Kadarka«, jeder ehemalige DDR-Einwohner kannte ihn, wollten die Verkaufsstellenleiter oft gar nicht vom Großhandel beziehen: je Laden wurde nur 1 Karton mit 6 Flaschen geliefert, aber 50 und mehr Leute wollten ihn haben. Also verzichtete man lieber, um sich Ärger vom Hals zu halten.

Barbara Krause erzählt aus der Zeit, als sie in Burg noch Leiter der Arbeitsökonomie war. Einmal hat sie an den Rat des Kreises gemeldet, daß die Tragenorm von 15 kg für die Verkäuferinnen nicht eingehalten werden konnte; Getränkekisten und andere Großabpackungen waren einfach schwerer. In jedem der darauffolgenden Jahre mußte sie eine Gegenanalyse machen, wie die Genossenschaft, die Lieferanten und der Großhandel das Problem lösen wollten. Sie

holte sich dadurch ungewollt Arbeit auf den Tisch. Das ging so lange, bis sie schrieb, daß alles in Ordnung war. Erst dann war Ruhe. Aber daran, daß die Verkäuferinnen schwer schleppen mußten, hatte sich nichts geändert.

Der Rückblick führt uns auf die Rest-Bestände aus der DDR-Produktion, die 1990 keiner mehr haben wollte, und die dann weggeworfen werden mußten. »Allerdings passierte uns das auch im neuen Warengeschäft«, erzählt Barbara Krause. »Wir hatten uns durch findige Vertreter aus den alten Bundesländern so viele ›D-Kennzeichen‹ für die Autos aufschwatzen lassen, daß wir damit die ganze Bundesrepublik Deutschland hätten versorgen können.«

Ich fahre nach Seehausen. Hier bin ich verabredet mit Bernd Hupel, Jahrgang 1940, seit langem beim KONSUM tätig und nach der Wende Vorstand der Konsumgenossenschaft Seehausen/Altmark eG. Dem Mann eilt der Ruf voraus, kritisch, umsichtig, sparsam und sozial engagiert zu sein.

Als er mir seinen Firmenbogen überreicht, frage ich, warum denn die Genossenschaft Seehausen kein so schönes buntes Firmenlogo hat wie heute üblich.

Seine knappe Antwort: »Weil wir mit buntem Kopfbogen keinen Euro mehr Umsatz machen.«

Ich schließe die Frage an: »Man erzählt, daß Bernd Hupel noch bis 2001 einen Wartburg als Dienstwagen fuhr?«

Auch hier die schlagfertige Antwort: »Dieses Auto war robust und konnte in jeder dörflichen Feldschmiede zu einem günstigen Preis repariert werden. Außerdem bin ich nicht zum Repräsentieren und Autofahren da, sondern um die Genossenschaft zu steuern.« Weil die Kupplung nicht mehr zu reparieren war, hat er ihn abgemeldet. Sonst führe er ihn wohl heute noch.

Unser Gespräch dreht sich um die schwierigen 90er Jahre. »Wir haben den Weg für die Konsumgenossenschaft ohne fremde Hilfe gefunden. Niemand hat uns die Entscheidungen abgenommen. Wir wollten uns auch nicht reinreden lassen.«

Er schlug Fusionsangebote mit den Stendaler und Havelberger Genossenschaften aus und ging seinen eigenen Weg im kleinen Altmarkkreis Osterburg.

»Innerhalb von 40 Minuten kann ich jeden meiner Läden erreichen.«

Heute betreibt er im Franchising mit der EDEKA Minden-Hannover die sogenannten »weichen Discounter« unter dem Namen »NP« (Niedriger Preis), wie übrigens auch die Konsumgenossenschaften Burg-Genthin-Zerbst und Haldensleben im ehemaligen Bezirk Magdeburg. Hinzu kommen elf »Eigengewächse«, wie er es ausdrückt, die traditionellen KONSUM-Dorfläden, für die die Genossenschaft selbst die Großhandelsfunktion ausübt. Er beschreibt diese »Huckepackstation in Eigenregie«, die sich im ehemaligen Wirtschaftshof der Konsumgenossenschaft befinden, die dort ihre Verteilungsaufgaben gestaltet: »Die Ware wird von der EDEKA nach der zusammengefaßten Bestellung geliefert. Als wenn es für einen einzigen Markt wäre. Deswegen wird an die EDEKA auch nur der Kostenaufschlag für eine einzige Verkaufsstelle gezahlt. Das spart schon mal Kosten. Mitarbeiter der Konsumgenossenschaft kommissionieren die gelieferten Artikel für die einzelnen kleinen KONSUM-Verkaufsstellen und fahren sie mit dem konsumeigenen Fahrzeug in die nicht weit entfernten Märkte. Mittags muß das Lager leer sein, sonst haben wir einen Fehler gemacht. Oft bin ich selbst beim Kommissionieren dabei und lege Hand an, damit alles klappt. Wir ersparen uns die Kost-Plus Aufschläge des Großhandels, und außerdem kann ich damit wieder Mitarbeiter der Genossenschaft beschäftigen«, erklärt er sein Konzept.

»Die Angst unterzugehen hat unsere Lebensgeister aktiviert. Die Zeit der Wende möchte ich nicht noch einmal erleben. Die Hoffnung, daß sich bald die blühenden Landschaften zeigen würden, habe ich nie gehabt. Andere sind darauf hereingefallen. Wichtig war, das für die Marktwirtschaft Untaugliche zu Geld zu machen. Der eigene Großhandel Ost funktionierte nicht. Die Kunden wollten Westware. Also mußten wir uns nach einem besseren Partner umsehen, damit die Leute nicht in den Westen fuhren, um ihre Einkäufe dort zu erledigen.

In unsere Gaststätten ging kein Mensch mehr. Ende 1990 hatten wir alle Gaststätten vermietet oder verkauft, meistens an eigene Mitarbeiter

Die bisher ziemlich einfache Abrechnung über die OAZ (Organisations- und Abrechnungszentren) mußte modern organisiert werden und nach den neuen Bedingungen, die nur mit Hunderten von Anbietern und Tausenden Vertretern und täglich neu ausgehandelten Preisen funktioniert. Fehlende Übersicht über das Betriebsgeschehen hätte uns getötet.

Zur Kurzarbeit, den Entlassungen, den Abfindungen, den Ladenschließungen und der Standortsicherung kam eine Gewerkschaft, die alles einseitig in Abrede stellte und für nichts geschäftlich Notwendiges ein Einsehen hatte. Immerhin hatte sich in kürzester Zeit der Lohn der Beschäftigten verdoppelt. Das Geld mußte doch irgendwo herkommen! Sie sagten uns, wenn wir kein Geld hätten, unsere Leute zu bezahlen, dann sollten wir doch Kredite aufnehmen oder KONSUM-Grundstücke verkaufen. Ich mußte mir ständig auf die Zunge beißen und gute Miene zum bösen Spiel machen, denn es mußte ja weitergehen.

Mitarbeiter entlassen zu müssen, war schon schlimm genug, und dann noch diese Argumente der Gewerkschaft ...

Zum Glück konnten wir mit der Sparkasse unsere Geldangelegenheiten regeln und Kredite bekommen. Damals war es noch möglich, Häuser ohne den dazugehörigen Grund und Boden als Sicherheit bereitzustellen. Die Sparkassen-Leute wußten, daß wir keine Falschspieler sind.

Wir haben in den vergangenen Jahren oft von der Hand in den Mund gelebt, haben unsere Etappen sehr kurz abgesteckt. Heute sind wir sicher, daß es die Seehausener Genossenschaft auch in vielen Jahren noch geben wird. Stabile Umsätze, eine gute Mannschaft, unser Eigenkapital und das funktionierende Geschäft berechtigen zu dieser Aussage.

Vor zwei Jahren haben wir uns entschlossen, unseren älteren Mitarbeitern über 40 eine bescheidene Betriebsrente zukommen zu lassen, immer noch besser als die versprochene Riester-Rente. Auch so etwas ist heute schon möglich. Es ist nicht nur eine schöne Geste, es ist Solidarität mit unseren Mitstreitern.«

Von der Kurklinik zum Berghotel

1894 wird auf dem Grundstück des heutigen Berghotels in Oberhof die »Villa Blockhaus« errichtet, ein Gartenhaus im russischen Stil, welches auch heute noch steht. Wenn auch nicht mehr genau auf dem gleichen Fleck, weil es später auf Rollen verschoben wurde. Nach und nach entsteht das »Kurhaus Marien-Bad«.

Der Eigentümer der Klinik heißt Dr. med. Curt Weidhaas, ist neben Hofrat Bille einer der beiden Badeärzte im teuren Höhenluft-Kurort im Thüringer Wald, wohnt in der Villa Blockhaus und leitet das »Physikalisch-diätetische Kurhaus nebst Pension«. Streng individuelle Behandlung verspricht der Arzt, mit Hydro-, Electro- und Psychotherapie, mit Massage und Gymnastik. Mast-, Diät-, Terrain- und Entziehungskuren finden in der Prinzenstraße statt. Weidhaas ist Vorsitzender des Badekomitees und baut den Nobelkurort Oberhof mit auf, sorgt dafür, daß sich Hoteliers und Hotelgesellschaften niederlassen. Er ist es, der Oberhof bereits um die Jahrhundertwende eine Kläranlage verschafft. Die ersten Skiläufer, die mit ihren Ungetümen von Skiern nach Oberhof kommen, werden bestaunt und belacht. Die Schickeria erholt sich und wandelt u.a. im Grand Hotel, in der Villa Edelweiß, im Kurhaus Marien-Bad oder auch bei Frl. Olga Tröster. Der Kuranzeiger vom 6. August 1904 gewährt Einblick in die gesellschaftlichen Kreise, in das Kurleben vor 100 Jahren. Als Kurgäste sind angemeldet: Die Königlichen Hoheiten, die Herzöge Philipp, Albrecht und Karl von Württemberg mit den Herzoginnen, Hauslehrern und Dienerschaft. Daneben weilen Fabrikbesitzer, Direktoren, Geheimräte, Kaufleute, Tierärzte, Rittergutsbesitzer, Ingenieure, Lehrerinnen, Majore, Staatsanwälte, Buchhändler im Ort. Im Kuranzeiger inserieren die Badeärzte, die königlichen und herzoglich sächsischen Hoftraiteure (zu deutsch: Speiseservice) und Hoflieferanten, alle ansässig in Oberhof und Umgebung. Das Herzoglich Sächsische Landratsamt warnt angesichts der »jetzigen Ueberfüllung der Waldorte und des Waldes mit Kurgästen und Passanten ...« davor »... in jetziger Zeit Wasser den Flußläufen zu entnehmen und ungekocht zu genießen ...« Und das Fremden-Komitee ersucht alle Damen »im Interesse der Gesundheit des gesamten Publikums, die Kleider auf den Straßen nicht schleppen zu lassen«. 1905 wird der erste Skikurs in Oberhof abgehalten.

Der Weidhaas'sche Besitz wird 1919 infolge von wirtschaftlichen

Schwierigkeiten zwangsverkauft. Die Inflation fordert ihre Opfer. Das Schriftstück zur amtlichen Taxe weist »gute Kultur und Bonität« aus. Aus dem Kurhaus des Dr. Weidhaas wird das Hotel Esplanade von Herrn Geheimrat Elschner. Das gehört immerhin zu den Hotels ersten Ranges. Oberhof mit seinen 1300 Einwohnern hat in dieser Zeit um die 10000 Kurgäste und in etwa so viele Durchreisende.

Im Oktober 1928 verkauft die »Hotel Esplanade Curt Elschner AG« das Grundstück nebst Baulichkeiten, bezeichnet als »Diätkuranstalt mit Zubehör und Gartenanlage am Schloßberg« an die »Großeinkaufs-Gesellschaft Deutscher Consumvereine m.b.H. – GEG« für 290000 Reichsmark. Die GEG kauft weitere Grundstücke hinzu und ruft die »Heinrich-Lorenz-Stiftung« als Wohlfahrtseinrichtung und zum Betrieb eines Erholungsheims ins Leben. Dies zu Ehren ihres bis dahin 25 Jahre im Amt weilenden Geschäftsführers Lorenz.

Heinrich Sierakowsky schreibt 1930 in seinem Buch »Die GEG – Werk im Werden«: »Zur Heinrich Lorenz-Stiftung in Oberhof! In Oberhof? Im teuren Luftkurort ist das Heim der Heinrich-Lorenz Stiftung? An einem der schönsten Fleckchen Thüringens können Angestelllte deutscher Konsumvereine ihre Ferien verleben? ... Oberhof! Der Zug hält auf mehr als 600 m Höhe. Freundliche Hilfe nimmt sich unseres Gepäcks an, wir wollen zu Fuß zur Bergsiedlung Oberhof, in deren Gemarkung das Heim liegt. Bis auf 840 m Höhe steigen wir ...«

Gäste aus allen Konsumgenossenschaften Deutschlands logieren nun hier. »Aufgrund der Gästestruktur wurde unser schönes Heim seinerzeit als ›Armenhaus‹ und nicht selten als ›Rote Burg‹ bezeichnet, seine Gäste waren nicht sonderlich geachtet in Oberhof und hatten keinen Zutritt zu den exklusiven Hotels unseres Ortes«, heißt es später in einem Werbetext des Verbandes der Konsumgenossenschaften der DDR.

1933 wird die Heinrich-Lorenz-Stiftung in »GEG-Erholungsheim« umbenannt, die Satzung »zugunsten erholungsbedürftiger Arbeiter

der Stirn und der Faust und deren Angehörigen ...«

1939 wird das Heim an das Deutsche Reich abgegeben und ist ab sofort Reservelazarett und wird 1942 umbenannt in »Erholungsheim des Gemeinschaftswerkes der Deutschen Arbeitsfront (DAF)«.

»Im Juni 1945 hat sich Fräulein Kern der Verwaltung des Heims angenommen bzw. die aus dem Lazarett verbliebenen Reste übernommen und hat versucht, mit dem Genossen Max Albrecht, Leipzig – dem Leiter des Heims bis 1933 – die durch die Kriegseinwirkungen entstandenen groben Schäden zu beseitigen ...«, heißt es in einem Bericht des Verbandes Thüringer Konsumgenossenschaften über das Erholungsheim Oberhof von 1945–1948. Von der Großeinkaufsgesellschaft Hamburg wird ein Treuhänder eingesetzt, der auch finanzielle Hilfe leistet.

Der Verband nutzt es als Schule.

»In dem eigentlichen Pensionshaus vermieteten wir seit 1947 Zimmer an Holzfäller, die von Betrieben und Behörden im Bezirk Oberhof eingesetzt wurden.« 1948 ist im Pensionshaus das von der Landesregierung eingesetzte Borkenkäferkommando untergebracht. »Die letztere Besetzung haben wir mit wenig Begeisterung aufgenommen, spekulieren aber darauf, daß mit der Winterfestmachung der Quartiere etwas Material für die Instandsetzung des Hauses abfällt. Die Unterbringung der Arbeitskräfte ist mit viel Verdruß verbunden«, klagt der Berichteschreiber.

In der DDR heißt die Zughaltestelle des »sozialistischen Erholungsortes Oberhof« auch schon mal »Bahnhof der Deutsch-Sowjetischen Freundschaft«. Das KONSUM-Erholungsheim Oberhof des Verbandes der Konsumgenossenschaften liegt jetzt im »Kurort der Werktätigen«.

Von einem Kampf »David gegen Goliath« in den 60er Jahren, der den KONSUM fast sein Verfügungsrecht über das eigene Hotel gekostet hat, erzählt der ehemalige Chefjustitiar des Verbandes Dr. Witho Holland:

Politbüro der SED und FDGB-Bundesvorstand sind sich einig, eine zentrale Einweisung der Urlauber für alle Ferieneinrichtungen der DDR durch die örtliche Stelle des FDGB-Feriendienstes durchzusetzen, unabhängig von den Eigentümern. Der zuständige Vorstand des KONSUM-Verbandes hat bereits seine Zustimmung signalisiert. Bevor der Vorstandsbeschluß gefaßt wird, passiert der Beschluß den Schreibtisch des Justitiars. Der trägt dem Präsidenten seine Bedenken vor, der Präsident gründet eine Kommission und erteilt Dr. Holland als Mitglied der Kommission die Vollmacht zur Verhandlung mit dem Bundesvorstand des FDGB in Berlin. Die Gewerkschaftsfunktionäre halten nicht viel von der Verfügungsgewalt des KONSUMs über sein Hotel. In mehreren Beratungen verweist Holland auf die Eigentümerstellung der Mitglieder des KONSUMs. Und legt schließlich schriftlich die Bedingungen des KONSUMs für eine eventuelle Zustimmung so hoch, daß der FDGB nicht einverstanden sein kann. Nach zwei Jahren gibt der FDGB auf. Das Berghotel erscheint nicht auf der Liste der Zentraleinweisungen.

Oberhof hat heute 4000 Gästebetten, das ist nicht wenig. Da muß sich auch ein KONSUM-Hotel behaupten.

Edeltraut Schmidt, gelernte Kellnerin, jahrelang Empfangschefin im benachbarten DDR-Vorzeige-Hotel »Panorama« und seit 1994 Geschäftsführerin des 3-Sterne-Berghotels sagt: »Heute ist das Berghotel ein Hotel für Jedermann. Die Königlichen Hoheiten sind rar geworden, dafür haben wir nicht minder berühmte Gäste. Zum Beispiel die Nationalmannschaft Deutschlands im Rennschlittensport, der Hackl Schorsch geht ein und aus, auch zahlreiche Olympioniken anderer Wintersportarten.«

Begründer des Thüringer Wintersportvereins im Jahre 1905 war übrigens der Arzt Dr. Curt Weidhaas, der Vater vom Kurhaus Marien-Bad in der Prinzenstraße und damit des heutigen Berghotels in der Dr. Theo-Neubauer-Straße, der dem Verein bis 1910 vorstand und der vor allem dem Bob-Sport frönte. So schließt sich der Kreis.

Land in Sicht?

Gerade war die Flotte der zehn Genossenschaften entlang der Ostseeküste, von der Lübecker Bucht bis zur Insel Usedom, zusammengefügt, an der Spitze das würdige Flaggschiff »Konsumgenossenschaft der Stadt Rostock«, da mußte das fusionierte Unternehmen im nördlichsten der neuen Bundesländer schon die Segel streichen. Das war 1991.

Die Gesamtvollstreckung kam wie der Blitz aus heiterem Himmel. Über das notwendige Vermögen verfügte man schon. Aber die neue Konsumgenossenschaft war nicht flüssig, die Schiffskasse war leer.

Die bisherigen Kredite hatten nicht gereicht. Die Einnahmen kamen nicht wie geplant. Neue Kreditlinien mußten her, und schnell mußte es gehen.

Es war die Zeit, in der die geballte Kraft der westlichen Handelsschiffe sich über die neuen Bundesländer ergoß und die Umsätze beim KONSUM und anderswo rapide sanken. Die Zeit, in der wie ein Symbol ein riesiges Ponton-Verkaufsschiff, das PORTCENTER, im Rostocker Stadthafen festmachte, Sympathiewellen bei den Konsumenten aus Rostock und Umgebung auslöste und den ortsansässigen Händlern die Umsätze wegnahm.

Die Banken waren zwar bereit, Geld zu geben, aber nur, wenn neben der Besicherung aus dem Vermögen der Konsumgenossenschaft auch noch eine Bürgschaft der Landesregierung vorlag. Sie forderten diesen »Schutzbrief« und das »Bekenntnis der Landesregierung zum KONSUM«.

Der Vorstand bemühte sich, aber die Landesregierung konnte sich nicht entscheiden, der Genossenschaft mit dieser Bürgschaft wieder Wind in die erschlafften Segel zu blasen und lehnte die rettende Landesbürgschaft ab. Es gab kein rettendes Ufer.

In der Folge verweigertedie Bank nicht nur den beantragten Kredit, der wieder Fahrtwind gebracht hätte, sondern stellte auch den laufenden Kredit fällig.

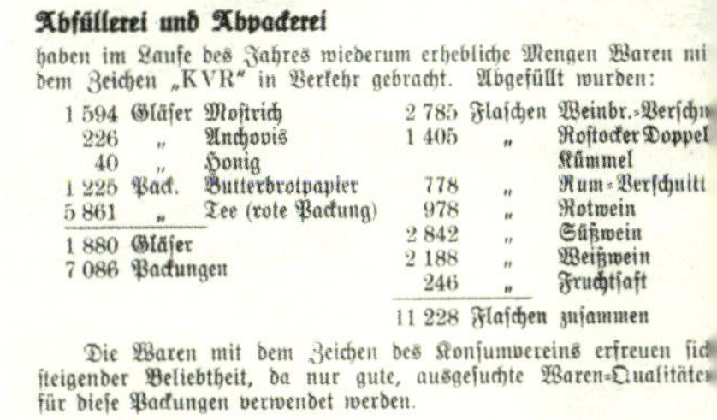
Abfüllerei und Abpackerei
haben im Laufe des Jahres wiederum erhebliche Mengen Waren mi dem Zeichen „KVR" in Verkehr gebracht. Abgefüllt wurden:

1 594	Gläser	Mostrich	2 785	Flaschen	Weinbr.-Verschn
226	„	Anchovis	1 405	„	Rostocker Doppel Kümmel
40	„	Honig			
1 225	Pack.	Butterbrotpapier	778	„	Rum-Verschnitt
5 861	„	Tee (rote Packung)	978	„	Rotwein
1 880	Gläser		2 842	„	Süßwein
7 086	Packungen		2 188	„	Weißwein
			246	„	Fruchtsaft
			11 228	Flaschen	zusammen

Die Waren mit dem Zeichen des Konsumvereins erfreuen sic steigender Beliebtheit, da nur gute, ausgesuchte Waren-Qualitäte für diese Packungen verwendet werden.

Das war der Todesstoß. Die Fahrt des Schiffes mußte gestoppt werden. Ausweichmanöver gingen nicht mehr. Das Schiff mußte in ein Rettungsdock.

Mit der Eröffnung der Gesamtvollstreckung kam ein neuer Kapitän, der Hamburger Gunter Gustafsen ans Ruder der Fregatte. Ihm war es wichtig, alle Gläubiger zu 100 % zu befriedigen, aber auch, die Konsumgenossenschaft zu sanieren. Entsprechend machte er Dampf, brachte das Schiff wieder zum Schwimmen. Mit einem »Feuerwehrkredit«, den der bankerprobte Steuerberater bekam, brachte er die Fregatte zunächst wieder auf Fahrt. Er bescheinigte der bisherigen »Führungsmannschaft«, daß kein Verschulden ihrerseits vorlag. Denn die Strukturveränderungen zur Umstellung auf die marktwirtschaftlichen Erfordernisse waren in so kurzer Zeit einfach nicht herbeizuführen. Folgerichtig bezog er die ehemaligen Kapitäne Hans-Jürgen Hahn und Heinz Bollmeyer in seine Arbeit ein und fuhr gut damit. Mit ihnen gemeinsam entwarf er ein Konzept der Unternehmenssanierung und markierte die künftige Fahrtroute.

Die Geschäftstätigkeit wurde in vielen Läden fortgesetzt, je nach Geschäftslage und Umsatzerwartungen. Andere, nicht geeignete Geschäftshäuser, Kaufhallen, kleinere Gebäude mit Läden, wurden an Investoren oder Handelsketten verkauft, manchmal auch paketweise. Wieder andere mußten an ehemalige Eigentümer zurückgegeben werden. Meistens gingen die Konzepte auf.

Die zahlreichen Grundstücks- und Immobilienangelegenheiten bestimmten in den Jahren der Abwicklung und noch bis heute die Arbeit der verbliebenen Besatzung, auch heute, 13 Jahre nach Eröffnung der Gesamtvollstreckung, sind etliche der KONSUM-Immobilien noch nicht an den Mann gebracht.

Steuermann Gustafsen bemühte sich mit seinen KONSUM-Fahrensmännern um die Erhaltung möglichst vieler Arbeitsplätze und unterstützte auch Privatisierungen und Existenzgründungen.

Heute, im Jahre 2004, ist bekannt, daß es voraussichtlich eine 100 %ige Befriedigung der Gläubiger im Verfahren geben wird. Ein großer Anteil ist schon gezahlt. Die Hoffnung aber, daß die Fregatte Konsumgenossenschaft Nord eG nach der deutschen Wirtschaftsflaute den rettenden Heimat-Hafen erreichen kann, um von dort aus wieder mit vollen Segeln in Fahrt zu kommen, sind infolge der schlechten Wirtschaftslage in Deutschland geschwunden.

Wir werden ihr kaum wieder begegnen, dieser Konsumgenossenschaft, deren Weg am 18. September 1903 mit der Gründung des »Konsum-Vereins Rostock und Umgegend e.G.m.b.H.« an der Ostsee und im unmittelbaren Hinterland begann, und die in Rostock, Ribnitz-Damgarten, Greifswald, Schönberg, Grimmen, Barth, Stralsund, Grevesmühlen, Wismar und auf den Inseln Rügen und Usedom tätig war.

Ein Wahrzeichen, das nicht nur für das Ostseebad Warnemünde steht, sondern jahrzehntelang auch ein Erkennungszeichen des KONSUMs Rostock war, ist geblieben.

Eigentlich sollte der Bau japanischer Teepavillon heißen, wie vor dem 2. Weltkrieg, als es schon einmal einen Rundbau an gleicher Stelle gab, aber die Leute machten ganz einfach ihren »Pott«, ihren

»Teepott« daraus, was unbedingt darauf schließen läßt, daß er gerne von den Einheimischen wie auch von den Touristen der Ostseeküste besucht wurde. 1968 erbaut, ist er bis heute neben dem Leuchtturm das Wahrzeichen von Warnemünde.

Das Bauwerk wurde von der Konsumgenossenschaft Rostock errichtet und viele Jahre lang, noch bis nach der Wende, auch erfolg- und ertragreich bewirtschaftet. Viele erinnern sich gerne an die Gastronomie, an Konzert und Tanz im Teepott.

Den Grundstein legte 1968 der damalige Vorsitzende der Genossenschaft, Heinz Bollmeyer, der das Amt des Vorsitzenden von 1962 bis 1996 ausübte.

Hyperbolisches Paraboloid ist der architektonische Begriff für diese interessante Bauweise. Es ist der »gießbare Fels«, ein großflächiger Bau, der durch armierten Beton gestaltet wird. Die dünnwandige bewehrte Schale des Daches kann Druck, Zug und Schub über Form und Festigkeit der Konstruktion aufnehmen. Von oben sieht der Teepott wie ein schwimmender Rochen aus.

Mehr darüber könnte Ulrich Müther aus Binz auf Rügen erzählen, der seine Diplomarbeit vor vielen Jahren zu dem Thema »Hyperbolisches Paraboloid« schrieb und der der Architekt des Teepotts ist.

Müther, mit dem der KONSUM Rostock damals intensiv zusammenarbeitete, schuf 50 weitere solcher interessanter Bauten im In- und Ausland, z.B. Planetarien in Wolfsburg, Fulda und Berlin, Mehrzweckhallen in Magdeburg, Neubrandenburg und Rostock, Sportanlagen und Schwimmhallen, Musikpavillons und Hotelbauten. Bauten des KONSUMs von Müther sind das inzwischen abgerissene »Ahornblatt« in Berlin und der Bürgergarten in Döbeln.

Nachdem der KONSUM Rostock diese Immobilie 1991 wegen Aufgabe des gesamten Gaststättensektors verkaufen mußte, hat sie im vergangenen Jahrzehnt mehrfach den Besitzer gewechselt, wurde jahrelang kaum oder gar nicht bewirtschaftet. Die Konstruktion fing an zu rosten. Um den Teepott sah es nicht gut aus. »Aber einstürzen wird er nicht, kann er nicht, weil er stabil konstruiert ist«, garantierte Ulrich Müther jedem der vielen Besitzer in den 90er Jahren.

Dieses eindrucksvolle Gebäude im Sinne des Seebades Warnemünde zu nutzen haben sich schließlich nach all den Irrungen und Wirrungen gegenwärtig Rostocker Investoren vorgenommen. Sie haben das Gebäude mit vielen Millionen Euro saniert und ein Kleinod an der Ostsee geschaffen. Im Juli 2002 wurde es wiedereröffnet und hatte sofort wieder regen Zuspruch. Verschiedene gastronomische Einrichtungen, ein Museum, der Wetterdienst des Senders Antenne Mecklenburg-Vorpommern und der Souvenirhandel ziehen die Besucher an.

Irgendwann in den 90er Jahren war der Teepott an ein bayerisches Restaurant-Unternehmen vermietet worden. Eine Warnemünderin sagte mir damals: »Kann ja wohl nicht sein, daß in einem Ostseebad Weißwürste angeboten werden. Das finde ich ziemlich stillos.«

Inzwischen ist der Fehler behoben. Jetzt ist es wieder eine echte Warnemünder Lokalität.

»Ein borstiges Gewerk«

Drei Orte im Westerzgebirge und im angrenzenden Vogtland – Schönheide, Stützengrün und Rothenkirchen – sind Synonym für das deutsche Bürstenmacherhandwerk. Anfang des 19. Jahrhunderts wurden einfache, grobe Bürsten vom ersten bis zum letzten Handgriff noch in Handarbeit hergestellt und durch Hausierhändler vertrieben, um 1880 hielten schon Arbeitsteilung und Mechanisierung – damit auch Hölzer aus aller Welt – Einzug, um das Produkt preiswerter herstellen zu können. 1895 gab es die erste automatische Stanzmaschine. Um 1900 waren über 2000 Menschen in der Bürstenindustrie beschäftigt. Die Handarbeit blieb trotz technischem Fortschritt noch bis ins 20. Jahrhundert von Bedeutung.

1903 wurde in Schönheide ein Konsumverein gegründet, der im Frühjahr 1906 – nach einem großen Bürstenmacherstreik – eine Produktivabteilung für Bürstenwaren einrichtete.

Ein Bürstenmacher verdiente in dieser Zeit 11 bis 12 Mark pro Woche, dafür arbeitete er über 70 Stunden. Für den Lebensunterhalt reichte das keineswegs, also wurde nach Feierabend in Heimarbeit weitergefertigt. Dafür gab es nur die Hälfte der Fabrikarbeiterlöhne. Die einzige warme Mahlzeit der Bürstenmacherfamilien bestand nicht selten aus »treichen Ärdäppeln« (erzgebirgisch für: trockene Kartoffeln).

Die Arbeiter streikten 1906 in einem 22wöchigen Kampf um bessere Bezahlung, um Reduzierung der Arbeitszeit auf 62 Stunden, um einen 15 %igen Aufschlag auf Akkord- und Zeitlöhne und um unentgeltliche Lieferung von Material und Werkzeug für die Heimarbeit. Die Fabrikanten lehnten ab, die Arbeiter baten die Konsumvereine um Vermittlung, da diese Warenabnehmer bei den Fabrikanten waren. Auch das scheiterte, die Konsumvereine wurden aufgefordert, ihre Aufträge den »geregelten Betrieben« zu überweisen.

Um die streikenden Bürstenmacher unterzubringen, wurde dem Schönheider Konsumverein eine Bürstenproduktionsstätte angeschlossen, die im Laufe der nächsten Jahre eine nicht unbedeutende Ausdehnung erfuhr. Der Umsatz wuchs von 23200 Mark im Jahre 1906 auf 221625 Mark im Jahre 1914. 100 Arbeiter wurden beschäftigt, die Hälfte, wegen fehlender Produktionsräume, in Heimarbeit. Bei Kriegsausbruch wurde die Produktion stillgelegt.

Während des Krieges stieg der Bedarf an Bürstenwaren derart an, daß die Kapazitäten nicht ausreichten, auch die überseeischen Rohstoffe knapper wurden und es an Arbeitern und Kapital mangelte. Deswegen wurde die Produktivabteilung des Schönheider Konsumvereins an ein gesundes und kapitalkräftiges Genossenschaftsunternehmen ausgegliedert.

Die Großeinkaufs-Gesellschaft Deutscher Consumvereine (GEG) übernahm die Bürstenproduktion. 1925 entstand eine riesige Fabrikanlage im benachbarten Stützengrün, die ab sofort alle der GEG angegliederten Konsumvereine mit dem »Borstenzeug« versorgte.

»... Weder im Erzgebirge noch in der gesamten deutschen Bürstenindustrie wird man bessere Arbeitsräume finden ...«, verkündete die Konsumgenossenschaftliche Rundschau von 1925. »Diese Neuanlage ist für die deutsche Bürstenindustrie nicht nur eine genossenschaftliche Großtat, sondern eine Kulturtat, wenn nur daran erinnert wird, daß die Bürstenarbeiter des Schönheider Bezirks noch vor wenigen Jahren in elender 80stündiger Heimarbeit kaum das Notwendigste für ihren bescheidenen Lebensunterhalt verdienen konnten.«

Ein Novum für die damalige Zeit: Die miterrichteten Wohlfahrtsgebäude umfaßten Umkleideräume, getrennte Speiseräume, zwei Speisesäle, in denen das mitgebrachte Essen eingenommen werden konnte, Krankenzimmer und sogar Badeanlagen, in denen mehrere hundert Arbeiter allwöchentlich Gelegenheit erhielten »ihren Körper zu pflegen«.

1925 lautete das Urteil der Tagespresse: »Hier in Stützengrün werden 280 Arten Bürsten, Besen und Pinsel hergestellt. Und da noch manche Hausfrau dem Glauben huldigt, daß z.B. drahtgebundene Bürsten vorteilhafter seien, wird auch diese Fabrikationsmethode beibehalten ...«

1930 beschäftigt die GEG-Bürstenfabrik 206 Arbeiter und 18 kaufmännische Angestellte. Das konsumgenossenschaftliche Volksblatt schreibt: »Die Herstellung selbst ist recht vielseitig, weil die Bürsten eine große Familie sind und die Rohstoffe dafür aus allen Ländern der Welt herankommen müssen. Schon die Scheuerbürste wird in vielen Formen und Ausführungen hergestellt. In Mitteldeutschland nennt man sie Scheuerbürste, in Norddeutschland Naßbürste, im Westen Abseifer und im Süden Putzbürste, und überall ist sie anders. So stellt sie sich der Hausfrau z.B. ›bartlos‹ und ›mit Bart‹, d.h. mit längeren Seitenbündeln ›am Kopf‹ und am Gegenende dar. Die Aristokraten der Bürstenfamilie (Kleiderbürsten und Bürsten für die Körperpflege) präsentieren sich in allen Tönen der Farbskala, vom reinsten Weiß bis zum tiefsten Schwarz.« Heimarbeit und Hausierhandel bringen minderwertige Ware unters Volk, beklagt sich die GEG und fordert die »Genossenschafterin« als auch die anderen Käufer auf, die qualitativ besseren GEG-Bürsten zu kaufen.

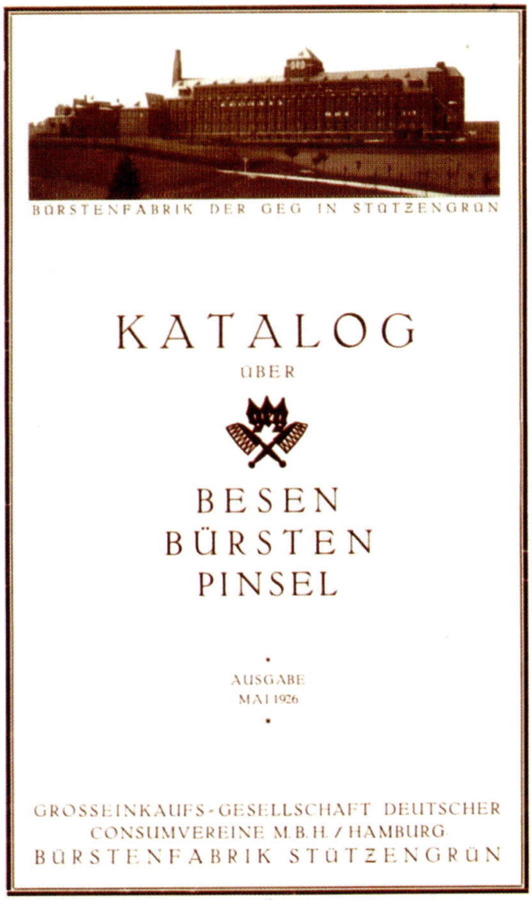

In der NS-Zeit wird die Fabrik zwangsverstaatlicht und im 2. Weltkrieg als Zulieferbetrieb für die Rüstungsproduktion mißbraucht. Im Sommer 1945 wird die Bürstenproduktion gemäß Befehl der SMAD wieder aufgenommen und mit gleichem Befehl den sächsischen Genossenschaften unterstellt. Nun verlassen Igelit-Schuhe und -sohlen die Fabrik.

1952 wird der Betrieb dem VdK, dem Verband deutscher Konsumgenossenschaften, zugeordnet. In den 50er Jahren startet man erste Versuche, künstliche Borsten auf PVC-Basis einzusetzen, ab Mitte der fünfziger Jahre werden Bürstenkörper aus Polystyrol und anderen Kunststoffen hergestellt.

1955 entwirft der Grafiker Gerhard Boerger, Atelierleiter beim VdK, ein neues Signet für die KONSUM Bürstenfabrik, das 1956 als Warenzeichen eingetragen und bis heute verwendet wird. Der »grüne Mann« erinnert an die Tradition der Bürstenmacher, die mit ihren Erzeugnissen ursprünglich Wanderhandel betrieben.

In der DDR werden 99 % aller Zahnbürsten in der KONSUM Bürstenfabrik produziert. 8 % der Gesamtproduktion nehmen die RGW-Staaten ab und 12 % gehen ins westliche Ausland. Ein paar Jahre vor der Wende leistet sich die Bürstenfabrik aus der Bundesrepublik Deutschland 5 moderne Kompaktanlagen zur Beborstung.

Die ursprünglich am Hauptgebäude prangenden drei Großbuchstaben »GEG«, das Wahrzeichen der Groß-Einkaufsgesellschaft, begleiten die Menschen in der Region über ein halbes Jahrhundert. Auch heute noch sprechen die meisten von »ihrer Geg« (sie ziehen die Buchstaben zusammen) oder der KONSUM Bürstenfabrik.

Aus der wird 1990 die »Bürstenmann GmbH«, bis dato eine 100prozentige Tochter der Konsumverband eG Berlin. Nach der Wende kommen die Käufer in Scharen, bezahlen wollen sie alle nur die symbolische 1 DM. »Eine für die Geschäftsleitung und Mitarbeiter sehr erniedrigende Zeit«, erinnert sich die ehemalige Prokuristin und heutige Geschäftsführerin Margitta Siegel. Besonders erniedrigend muß der Umstand gewesen sein, daß das renommierte Beratungsunternehmen Roland Berger 1991 dem Verband in Berlin als Gesellschafter in einem Gutachten mitteilt, sich von diesem Unternehmen »schnellstmöglich« zu trennen. Und dies, ohne daß jemals einer der Berater vor Ort gewesen wäre.

Trotz immensen Rückgangs der Bürstenmacherei sind auch heute noch »rund um den Kuhberg« 700 Menschen in diesem traditionellen Industriezweig beschäftigt. Die Region gehört nach wie vor zu den bedeutendsten Bürstenzentren weltweit.

Die Bürstenmann GmbH hat sich seit 1990 vom fünftgrößten deutschen Unternehmen seiner Branche zum zweitgrößten gemausert, liefert heute in alle Kontinente der Welt, in 45 Länder, hat inklusive der Tochterunternehmen 250 Beschäftigte und stellt rund 1600 Artikel her: das sind die Haushalts- und Putzhilfen, die Zahnbürsten (Marke PURODENT) und die Heimwerkerpalette.

Margitta Siegel, die Geschäftsführerin des Unternehmens, vertraut auf den im Entree für alle sichtbaren Spruch von Aristoteles Onassis: »Erfolg hat, wer ihm entgegengeht, statt ihm nachzulaufen.«

WIR HALTEN KURS!

KONSUMVERBAND

Kinowerbung von 1950

swalder GVG Verbraucher Genossenschaft eG seit 1871

Konsumgenossenschaft Hagenow eG

Brandenburgische Konsumgenossenschaft eG

KONSUM Königs Wusterhausen

KONSUM Genossenschaft Sachsen Nord eG
Konsumgenossenschaft Sachsen Nord eG

Optimal KAUF
nsum »Optimal-Kauf« eG Haldensleben

KONSUM KAUF
Konsumgenossenschaft Seehausen/Altmark eG

KONSUM KAUF
Konsumgenossenschaft Burg-Genthin-Zerbst eG

KONSUM
Konsumgenossenschaft Altenburg und Umgebung eG

Landbäckerei
Stendaler Landbäckerei GmbH

e und Bäckerei Bärenhecke
feisengenossenschaft e. G.

KONSUM
Konsum Dresden eG

Neustädter Markt Halle

KOWA
Handelsgenossenschaft Döbeln eG

AUTOTEILE ELG KFZ Ersatzteile & Zubehör
Einkaufs- und Liefergenossenschaft des Kfz-Handwerks e.G.

KONSUM LEIPZIG

KONSUM LEIPZIG
Handels- und Dienstleistungsgesellschaft mbH

BERGHOTEL OBERHOF
Berghotel Oberhof GmbH

Hotel Dorotheenhof Weimar GmbH

Konsumgenossenschaft Erfurt eG
Consum-Erfurt seit 1902

NEUE KAUFFAHRTEI
Chemnitz

Konsumgenossenschaft Lobenstein eG/Thüringen

Bürstenmann GmbH Stützengrün

Konsumgenossenschaft Weimar e.G.

RÖSTfein
Röstein Kaffee GmbH Magdeburg

KONSUM Tarifgemeinschaft

KPSA
Konsum-Personalservice- und -abrechnungsgesellschaft mbH

LiCo
LiegenschaftsConsult

Bildnachweis:
Nitsche (23), W. Schmidt (37), Harendt (41 oben), Deutsche Presse-Agentur (47, 90), Ratajczak (57 oben), Nordhorn (58), Wolf (97), Helm (100), Martin Bergner (139), Günter Schmitz (2, 48, 76, 153) und Archiv Manfred Kirsch.

Nicht in allen Fällen ist es uns gelungen, die Urheber zu ermitteln. Berechtigte Honoraransprüche bleiben erhalten.

Karikaturen: Heinz Behling (46), Heinz Jankofsky (120), Harri Parschau (78, 82), Georg Wilke (115)

Wir danken den Konsumgenossenschaften Leipzig eG, Sachsen Nord eG, Dresden eG, Nord eG und der Röstfein Kaffee GmbH Magdeburg sowie insbesondere der Konsumverband eG und ihrem Archiv für die zur Verfügung gestellten Fotos.

Der Autor dankt allen, die zu Auskünften bereit waren und für Gespräche zur Verfügung standen.
Sein besonderer Dank gilt Karin Hentschel vom Konsumverband für tatkräftige Unterstützung.

www.konsum-buch.de

ISBN 3-359-01493-6

Rosa-Luxemburg-Straße 39, 10178 Berlin
Umschlaggestaltung: Peperoni Werbeagentur, Berlin,
unter Verwendung eines Motivs von Lisa Noack
Gesamtherstellung: Salzland Druck Staßfurt

Die Bücher des Eulenspiegel Verlags
erscheinen in der Eulenspiegel Verlagsgruppe.

www.eulenspiegel-verlag.de